당·신·의·목·표·는·무·엇·입·니·까?

WHAT ARE YOUR GOALS

**POWERFUL QUESTIONS TO DISCOVER
WHAT YOU WANT OUT OF LIFE**

인생에서 당신이 원하는 것을
발견하기 위한 가장 강렬한 질문!

아이프렌드

이 책을 출판하기까지 도와주신 분들에게 깊은 감사를 드립니다. 끊임없는 피드백과 편집에 대한 여러 제안을 해주면서 격려를 아끼지 않았던 데이브 코빈씨께 감사 드립니다. 특히 그의 성실성과 훌륭한 재능에 깊은 경의를 표합니다.

지속적인 사랑과 관심, 통찰력과 맑은 영혼으로 옆에서 늘 지켜봐 주었던 소중한 친구 진영(Jeanne Young)에게 감사 드립니다.

가치를 메기기 힘들 정도의 훌륭한 편집과 본 도서가 출판되기까지 도움을 준 도우 이튼씨에게 감사 드립니다. 그의 열정과 집중력, 뛰어난 능력과 감수성, 그리고 그 열정을 충족시키는데 있어서의 용의 주도함에 깊은 사의를 표합니다.

  원고를 읽고 많은 이들에게 도움이 될 풍부하고 사려 깊은 제안을 아낌없이 해주며 본 도서의 출판 전 테스트에 응해준 여러 친구들과 동료 분들에게 다시 한번 깊은 감사를 드립니다.

> 상위 3%에 드신 것을
> 환영합니다.

여러분은 유명한 예일 대학에서 1953년에 실행하여 목표에 대한 많은 것을 밝힌 연구를 읽어본 적이 있을 것이다. 1953년의 졸업생들의 수업을 대상으로 연구한 결과 졸업반 학생들 중 3%만이 자신의 목표를 적고 그 목표를 성취할 수 있는 구체적인 방법에 대한 계획을 세웠음을 알게 되었다. 예일 대학 졸업생의 3%만이 자신의 목표를 설정할 능력이 있다는 사실이 상상이나 할 수 있는 일인가!

자, 이제 필자나 다른 많은 사람들이 그랬듯이 상위

3%안으로 여러분을 끌어올려 줄 여정을 시작하게 되었음을 축하 드리는 바이다. 위에서 언급한 예일 졸업생들에 대한 연구에서 목표를 정확하게 설정한 상위 3%는 나머지 97%가 얻는 수익을 모두 합친 것 보다도 더 많은 수익을 내고 있음이 확인되었다. 이는 일을 하는 데 있어 목표 설정이 얼마나 강력한 힘을 발휘하는지를 보여준다 하겠다. 돈이라는 것이 단지 개인의 성공에 대한 하나의 지표일 뿐이며, 필자나 여러분이 다른 지표를 이용하여 성공 여부를 측정한다 할지라도, 결과는 마찬가지가 될 것이다. 이 젊은이들은 목표를 설정하는 과정, 즉 자신이 진정으로 성취하기를 바라는 것과 연결된 아주 중요하고 통찰력 있는 질문들에 초점을 맞추면서 학급의 나머지 학생들과 스스로를 차별화 하였으며, 앞으로도 이와 같은 긍정적 차별화를 지속해 나아갈 것이다. 기록된 역사만을 살펴봐도 목표 설정의 중요성이 여러 곳에 나타나고 있음을 알 수 있다. 최근 20년을 지내면서 나폴레옹 힐을 포함한 대다수 문학의 주제는 목표 설정에 대한 강한 편향성을 보이고 있는데, 일례로 나폴레옹 힐의 서사 작품인 「성공의 역동적인 법칙」에서는 당대의 가장 성공한 남성과 여성들 다수와 인터뷰를 하면서 이들 사이에 흐르고 있는 공통적인 맥락이 목표 설정의 추구라는 점을 확인하고 있다. 분명한 것은, 사회인으로써 우리는 목표 설정의 이점과 가치를 인정하지 않을 수 없다는 점이다. 자기 개발 및 사업 자문 서비스업에서 우리에게 던지는 끊임없는 질문은 "왜 많은 사람들이 목표 설정의 중요성을 깨닫고 있으면서도 분명한 목표를 세우고 그것을 향해 나아가지 못하는가?"이다.

많은 개인들이 목표 설정과 성취 과정에서 수많은 시도와 실패를 거듭하고 있다. 다음으로 생각해볼 문제는 "왜 이들이 실패할 수 밖에 없는가" 하는 점이다. 수많은 시도를 하면서 짧은 실패로 막을 내리게 되는 사람들의 공통적인 문제는 무엇인가? 그 답은 놀랍게도 간단하다. 그들은 상위 3%가 알고 있는 것을 모르고 있기 때문이다. 마찬가지로 놀라운 것은 누구나 대학 졸업장 이상을 획득할 수 있다 해도 이 문제에 대한 과목은 절대 개설되어있지 않다는 것이다. 그러므로 이 필수적인 목표 설정과 성취 기술은 그네들 스스로 익혔던 것이다. 그러나 이들이 가장 최근의 목표 설정 기술을 찾아내고 사용할 때 조차도, 거의 예외 없이 어떤 질문을 해야 하는가라는 필수적인 단계가 생략되었다. 게리 블레어는 단순화한 과정과 이 필수적인 단계의 실질적인 적용 방법을 찾아내고 개발하여 이를 본 저서를 통하여 여러분과 함께 나누고 있다.

게리가 「당신의 목표가 무엇인가?」에서 하고자 하는 것은 목표를 설정하고 성취하는 필수적인 단계에 여러분을 주체적으로 참여 시키고자 하는 것이다. 이 단계는 여러분 내부에 있는 동기와 느낌의 중요한 자기 안내 여정이라 할 수 있다. 놀랍게도, 게리가 아주 주의 깊게 조사하여 엮어낸 질문들을 묻고 대답하는 과정에서 알지 못하고 지나쳐버릴 수도 있었던 자신에 대해 아주 잘 알게 될 것이다. 여러분 자신에 대한 이와 같은 필수적인 자료 없이는 자신이 쫓고 있는 목표가 스스로에게 중요한 의미를 가지지 못할 것이다. 많은 사람들이 이 도발적인 질문들에 답을 하는 과정에서 자신의 삶에 많은 변화를 가져오게 되었을 뿐 아니라, 이 과정을 통하여 자신이 선택한 진로가 올바르며 선택된 운명을 성취하는 과정에 있음을 확인하였다. 어느 쪽이건, 이제 당신은 여정에 오를 준비가 되었다. 이 책이 제공하는 여정을 통하여 얻을 수 있는 이점을 마음껏 즐길 수 있길 바란다.

데이비드 M. 코빈
C.E.O., *Performance Technologies, Inc.*
캘리포니아, 산디에고

P.S. 지식이 곧 지혜라는 말이 있다. 나는 이 말을 조금 바꾸어 '실제로 적용된 지식만이 지혜이다'라고 말하고 싶다. 자 이제 실천하라. 이 책을 읽고 또 읽으면서 스스로 질문을 하고 답을 해보라. 여러분이 아직까지 찾아내지 못한 무수한 보물들이 여러분을 기다리고 있을 것이다.

"가치는 여러분의 목표의 기초를 놓는다. 각 목표들은 여러분의 사명을 실현시키며, 이 사명은 여러분의 일생의 업, 즉 여러분이 남길 유산을 인식하게 해 줄 것이다."

게리 리안 블레어

WHAT ARE YOUR GOALS?
Powerful Questions to Discover What You Want Out of Life

Copyright ⓒ 2000 by Gary Byan Blair
Korean Language edition published by arrangement with
Gary Ryan Blair, and Shin Won Agency Co., Seoul.
Translation copyright ⓒ2002 by I-Friend.

이 책의 한국어판 저작권은 저작권자와 독점 계약으로
아이프렌드에 있습니다. 저작권법에 의해 한국 내에서 보호를 받는
저작물이므로 무단전재와 복제를 금합니다.

WHAT ARE YOUR
GOALS?

Powerful Questions to Discover What You Want Out of Life

차 례

환영의 편지 · Welcome Letter	14
들어가며 · Introduction	17
개인적 목표 · Personal Goals	23
건강 목표 · Health Goals	47
여가 목표 · Recreation Goals	63
가족 목표 · Family Goals	77
우정 목표 · Friendship Goals	107
공동체 목표 · Community Goals	117
커리어 목표 · Career Goals	127
재정 목표 · Financial Goals	145
가정 목표 · Household Goals	163
영적 목표 · Spiritual Goals	177
계획 시스템 · The GoalsGuy Planning System	199
승리 목록 · Victory List	203

> 친애하는 친구에게

우리는 안내 책자 하나 없이 이 세상에 내던져졌고 인생은 가르쳐주기도 전에 우리를 시험한다. 최소한 아예 시작하지 않는 것 보다는 늦게라도 시작하는 것이 낫다는 믿음으로 이 책은 당신 스스로가 자신에 대한 안내 책자를 쓸 수 있도록 만들어졌다.

나에게 이 책은 다른 사람들을 위하여 무언가를 하려는 나의 욕망을 충족시켜주었다. 당신의 나이, 성, 민족이나 종교적 믿음에 상관없이 당신이 어떤 개인적인 목표를 향하여 움직이고 있지 않을 때 느끼는 좌절을 줄여줌으로써 당신의 삶을 단순하게 할 수 있는 방법들을 제공하고 있다.

이 책은 또한 당신의 목표가 무엇인지를 확인 하는 방법과 이 목표를 성취하기 위하여 어떤 노력을 어떻게 설계해야 하는지를 보여준다. 이 책에서 제시되는 질문들은 필자가 스스로 꿈과 욕망을 성취하기 위하여 해야 할 것들을 분명히 하기 위하여 스스로에게 물었던 질문들이다. 또한, "목표 계획 설문지"는 당신의 목표를 분명하게 측정하고, 목표를 성취하기 위한 여정을 분석하며, 자신이 수행한 것에 대하여 동기 부여적인 보상을 받는데 도움을 줄 것이다.

대부분의 목표 설정 프로그램들이 단순히 목표가 중요하다는 사실을 일깨워주고 목표를 설정할 것을 장려하는 반면, 이 책, 「당신의 목표는 무엇입니까?」 - 인생에서 당신이 원하는 것을 발견하기 위한 가장 강렬한 질문! - 은 당신 자신의 목표를 발견하고 이 목표를 달성하기 위하여 나아가야 할 여정을 계획할 수 있도록 돕는다. 이 프로그램의 강점은 고대 소크라테스식 질의를 통하여 당신의 생각을 기르고, 올바른 목표를 심어 검토되지 않은 잡초와 같은 일상으로 점철되는 삶으로부터 방해 받지 않으면서 훌륭한 수확을 얻어낼 수 있도록 한다는데 있다.

  "질문을 하는 자는 그 대답을 피할 수 없다."
  -카메룬 속담-

당신이 목표를 명확히 하고 이를 실현하려 한다면, 이 여정은 그 보상을 할 것이다. '얼 나이팅게일'의 말을 빌자면, 당신의 보상은 승리를 거머쥐었을 때 느끼는 순간적인 만족이기 보다는 "가치 있는 목표나 이상의 점진적인 실현에 있다"고 할 수 있다. 게다가, 어디에도 확고한 기반이란 없기 때문에, 당신이 목표를 향하여 능동적으로 노력하지 않는 한 그 목표로부터 한 걸음씩 멀어진다는 사실을 기억해두어야 한다.

이 책은 당신이 목표를 향하여 나아가는데 훌륭한 촉진제 역할을 할 것이다. 목표를 달성하는데 있어 가장 필수적인 단계가 목표를 설정하는 것이라는 믿음을 가지고 있는 당신은 이미 이 프로그램을 잘 활용할 수 있는 자세가 되어있는 것이다. 불행한 것은 많은 사람들이 자신의 인생 여정을 계획하는데 보내는 시간보다 휴가와 여행을 위한 계획을 세우는데 더 많은 시간을 보내고 있다는 점이다.

더욱 만족스러운 삶을 향하여 당신의 여정에 최선의 진보가 있기를 바란다.

모든 것이 중요하다!

게리 리안 블레어
Gary Ryan Blair

Gary Ryan Blair

I·N·T·R·O·D·U·C·T·I·O·N

들어가며

> "The unexamined life is not worth living."
> *Socrates, Apology*
>
> "시험 받지 않은 삶은 살아갈 가치가 없다"

이 책의 사용법

목표를 설정하는 것은 "자동 조종" 방식으로 운영하면서 착수할 수 있는 일은 아니다. 목표를 설정하는 일은 여러분의 삶을 구성하고 있는 다양한 요소들의 주의 깊은 조사와 판단, 그리고 조절을 필요로 하는 일이다.

이 책은 마치 망원경과 같이 여러분의 가치 체계를 구성하고 있는 모든 세부 사항들을 확대해 볼 수 있는 고품질로 잘 제조된 렌즈의 역할을 할 것이다. 이 책에 나와있는 질문들을 활용할 때는, 여러분의 목표와 그 목표를 설정하게 된 이유에 초점을 맞추어 "확대"하고 예리하게 살펴보아야 한다.

어떻게 이 책이 자신의 목표에 중점을 둘 수 있도록 도울 수 있는가?

본 프로그램의 커다란 강점들 중 하나는 여러분 삶의 10가지 비판적 영역을 자신의 페이스에 맞추어 한번에 한 영역씩 탐색할 수 있는 유연성을 제공한다는 것이다. 이 10가지의 비판적 영역은 삶의 다양한 영역에서 우리가 할 수 있는 역할을 반영한다.

- **개인적인 것**

"개인적" 영역에서의 질문들은 자기 이미지 향상, 창조적이고 지적 능력 강화와 긍정적인 방향을 향한 태도 변화 등과 같은 자기 자신과의 관계에 관련된 목표를 개발하고 이에 초점을 맞출 수 있도록 도울 것이다.

- **건강**

"건강" 영역에서의 질문들은 다이어트, 건강 상태, 중독과 외모와 관련된 목표를 개발하고 이에 초점을 맞출 수 있도록 도울 것이다.

- **여가**

"여가" 영역에서의 질문들은 여러분의 삶의 방식에 새로운 다양함과 중요성을 더해주는 것과 관련된 목표를 개발하고 이에 초점을 맞출 수 있도록 도울 것이다.

• **가족**
"가족"영역에서의 질문들은 여러분의 배우자나 혹은 연인, 자녀, 형제, 자매와 부모님들과의 관계를 시작하고 돈독히 하며 때로는 명확히 하는 것과 관련된 목표를 개발하고 초점을 맞출 수 있도록 도울 것이다.

• **우정**
"우정"영역에서의 질문들은 오랜 친구들과의 관계를 더욱 돈독히 하며 균형을 이루는 것과 새로운 친구와의 우정을 쌓는 것과 관련된 목표를 개발하고 초점을 맞출 수 있도록 도울 것이다.

• **공동체**
"공동체"영역에서의 질문들은 지역 공동체 혹은 더 나아가 세계 공동체에 대한 여러분의 사회적 책임에 관련된 목표를 개발하고 이에 초점을 맞출 수 있도록 도울 것이다.

• **커리어**
"커리어" 영역에서의 질문들은 급여를 받는가의 여부가 달린 직업에 관련된 목표를 개발하고 이에 초점을 맞출 수 있도록 도울 것이다. "커리어"라는 용어가 "전문적인 직업 활동"을 지칭하는 말로 많이 쓰이는 반면, 이 책에서는 조금 더 넓은 관점에서 살펴보도록 한다. 예를 들어, 집에서 자녀를 교육시키고 돌보는 부모 역시 그 중요성에 있어서는 소아과 의사의 커리어와 같은 커리어를 쌓고 있는 것이다.

- **재정**

"재정" 영역에서의 질문들은 현재와 미래의 물질적 부와 만족에 관련된 목표를 개발하고 이에 초점을 맞출 수 있도록 도울 것이다.

- **가정**

"가정" 영역에서의 질문들은 여러분의 가장 커다란 물적 투자가 될지도 모르는 것들의 관리와 강화에 관련된 목표를 개발하고 초점을 맞출 수 있도록 도울 것이다.

- **정신적인 것**

"정신적" 영역에서의 질문들은 여러분의 마음과 정신의 평화를 이룰 수 있는 토대와 관련된 목표를 개발하고 이에 초점을 맞출 수 있도록 도울 것이다.

시작해야 할 지점은 어느 곳인가?

이 프로그램은 여러분이 원하는 곳 어디에서든지 시작할 수 있다. 다시 말해서, 여러분이 우선 중점을 두어 생각하고 싶은 항목을 선택하면 된다. 그 다음부터는 각 영역에서 질문을 통하여 자신의 페이스를 유지하며 진행해 나가면 된다.

질문에 대한 대답은 어떻게 해야 하는가?

모든 질문에 솔직하게 대답해야 한다. 질문에 따라 대답하기 곤란하거나 답을 기피할만한 내용도 있기는 하지만, 일단 대답을 해야 한다. 진정으로 답을 하기 어려운 질문에 대한 여러분의 대답은 여러분의 가장 중요한 목표를 성취하기 위하여 따라가야 할 길을 분명하게 해 줄 수 있을 것이다.

"항상 훌륭한 대답을 하는 자는 더욱 훌륭한 질문을 할 수 있다."
E.E. Cummings(1894~1962)

어떤 질문들은 여러분과 관계가 없는 것일 수도 있다. 이런 경우에는 관련된 개념을 자신에게서 탐색할 수 있는 형식으로 질문을 변형시켜본다. 예를 들어, 여러분 중 자녀가 없는 경우에 자녀의 자존심을 향상시키는 방법에 대한 질문을 받는다면, 이 질문을 여러분 상황에 맞게 변형시켜 조카나 이웃 아이들의 자존심을 향상시키는 방법에 대한 질문으로 바꾸어 대답 할 수 있을 것이다.

가장 중요한 목표에 대한 초점을 놓치지 않을 수는 없는가?
영역에서 제시된 질문에 대한 답을 한 후에 각 영역의 마지막에 있는 "요약" 부분을 완성하여 여러분의 목표의 우선 순위를 매긴다. 다음으로 각 높은 순위의 목표에 대하여 목표 계획표를 작성한다. 이 목표 계획표를 통하여 여러분은 특정 목표와 관련한 구체적인 이점과 장애들을 확인하게 될 것이다. 여러분의 인생의 한 영역에 대한 목표를 설정한 후에는 또 다른 영역을 선택하고 각 질문에 대한 답을 한다.

마지막으로, 집중하고 동기부여를 받을 수 있는 다음의

세가지 툴을 사용한다.

1. "상위 10 목표"
   (각 영역에서 가장 중요한 목표로 구성된 목록)

2. "목표 계획표"
   (중장기 목표를 향한 여러분의 진보 계획을 돕는 10단계 시스템)

3. "성취된 목표의 성공 목록"
   (여러분의 진보 사항을 기록한 흔적)

본 목표 실현 프로그램의 커다란 강점들 중 하나는 유연성이다. 나이, 성별, 민족, 종교와 사회적 지위에 상관없이 여러분의 목표를 확실히 하고 그 목표를 성취하기 위한 전략을 세우기 위해 이 프로그램을 이용할 수 있다. 게다가, 이 책은 개인적으로나 혹은 가족 단위, 친구들 사이에도 자신들에 대한 이해를 깊이하고 싶은 사람들이라면 함께 사용할 수 있으며, 이로써 자신에게 특별한 타인들과 함께 삶을 나눌 수 있도록 해준다.

1
Personal Goals
개인적 목표

WHAT ARE YOUR GOALS?
Powerful Questions to Discover What You Want Out of Life

> "What lies behind us and what lies before us are tiny matters compared to what lies within us."
> *Oliver Wendell Holmes*
>
> "우리 내부에 무엇이 놓여있는가 라는 문제와 비교한다면 우리 뒤에 무엇이 놓여있는가, 혹은 우리 앞에 무엇이 놓여있는가 하는 문제는 아주 작은 문제에 불과하다."

이번 장에서는 다음 질문에 답을 할 수 있도록 도울 것이다.

나는 누구인가?
삶을 마칠 때 남기고 싶은 것은 무엇인가?
오늘 나의 행동은 내가 유산으로 남기고 싶어하는 것과 모순이 되지는 않는가?

본 장에서는 제시되는 질문에 답을 하면서 여러분 스스로 자신의 강점과 한계를 확인할 수 있을 것이다. 이 질문들은 긍정적인 자세와 감정, 고양된 창조적이고 지적인 능력, 그리고 현실적이고 대담한 실질적 삶을 반영하는 목표를 정의할 수 있도록 여러분을 이끌어줄 것이다.

예를 들면, 여러분은 아래와 유사한 목표를 써넣고 있는 자신을 발견하게 될 것이다.
- 나의 긍정적인 성격적 특징을 목록으로 만들어 매일 적어도 한 번씩 읽는다.

- 주중 자정에는 잠자리에 들고 오전 6:45에 기상한다.
- 매달 한번은 미술관에 가거나 교향악 공연을 관람한다.
- 내가 만나는 누군가에게 매일 적어도 한마디의 칭찬을 한다.

여러분의 개인적인 목표에 조금 더 정확히 초점을 맞추도록 돕기 위하여 본 장은 2개의 하위 영역으로 나뉘어져 있다.

❔ 성격 개발

여러분은 이러한 목표들이 여러분 자신에 대하여 느끼는 방식으로 강력한 결과를 초래하는 보이지 않는 행위를 요구하는 것임을 알게 될 것이다. 이러한 목표들은 자기확신, 스트레스가 많은 환경의 통제, 감정적 균형 등을 포함할 것이다.

❔ 실질적 삶

여러분은 이 목표들이 다른 사람들이 실질적으로 여러분을 바라보게 되는 개인적인 변화를 요한다는 것을 알게 될 것이다. 이 목표는 취미, 사회적 관용, 언어, 자기 방어 등과 관련될 것이다.

모든 항목에 대하여 "정직이 최선의 방책이다." 여기서 제시되는 질문들은 대부분 깊이 자리하고 있는 개인적인 신념과 행위들을 불러일으키기 때문에 자칫 정직한 대답을 하기가 곤란해 질 경우도 있을 것이다. 필요하다면, 스스로 자신의 목표를 가지고 솔직히 자신을 털어 놓는 것이며 이를 거부할 필요가 없음을 상기시켜 분발하도록 한다.

"We are what we repeatedly do. Excellence, then is not an act, but a habit."

Aristole

"반복함으로써 훌륭히 해내는 일은 행위가 아니라 습관이다."

성격 개발

1) 극복하고 싶은 두려움이나 자기 한계는 무엇인가? 이를 극복하기 위하여 당신은 어떤 단계를 수행할 수 있는가?

2) 바꾸거나 향상시키고 싶은 자신에 대한 태도나 신념은 무엇인가? 언제, 그리고 어떻게 이를 실현시킬 것인가?

3) 어떤 유형의 불안정성이나 두려움으로 인하여 몇 년 동안 "안된다"는 부정적 생각을 지니고 있었던 당신 인생의 이상이나, 희망, 꿈은 무엇인가?

4) 자기 훈련을 더 많이 하면 당신의 삶에서 향상시킬 수 있는 가장 중요한 세가지는 무엇인가? 극기 훈련은 언제 시작할 것인가?

5) 당신이 도야하고 싶은 접근 가능한 개인적인 영역은 무엇인가? 구체적인 도야 방안은 무엇인가?

6) 제거하고 싶거나 더 나은 관리를 하고 싶은 자신의 성격 중 참을 수 없는 부분은 무엇인가? 구체적인 방안은 무엇인가?

7) 조금 더 순수하고 신뢰성을 가지기 위하여 할 수 있는 일은 무엇인가? 이를 위하여 당신이 우선적으로 해야 할 일은 무엇인가?

8) 다른 이들이 알아볼 정도로 높은 성실성을 지닌 사람이 되어보는 것은 어떤가? 당신이 바꾸어야 할 인지도와 이미지는 무엇이며, 이를 성취하기 위해서는 어떻게 해야 하는가?

9) 당신의 삶에서 스스로를 편안한 영역에 남겨두도록 고무하는 상황이나 영역은 무엇인가? 이를 성취할 수 있는 방법은 무엇인가?

10) 자신의 과거 실수를 용서하고 스스로에게 더 좋은 친구가 되기 위하여 어떤 일을 하는가?

11) 자신을 위한 가장 커다란 꿈과 희망, 이상은 무엇인가? 이를 실현시키기 위하여 할 수 있는 일은 무엇인가?

12) 바로 내일 잠에서 깨어날 때 당신이 한 가지 능력을 가지게 된다면, 그 능력이 무엇이길 바라는가? 지금 그 능력 개발을 시작할 수 있는 방법은 무엇인가?

13) 운전 중에 테이프를 듣거나 아침에 책을 읽는 것과 같이 매일 당신 자신의 정신과 지적 능력을 성장시킬 수 있는 방법은 무엇인가? 언제 시작하겠는가?

14) 악화된 인간관계 등으로부터의 문제와 같이 해결되면 마음의 평정을 찾을 것 같은 문제들은 무엇인가? 그러한 문제들을 해결하기 위하여 당신이 구체적으로 할 수 있는 일은 무엇인가?

15) 참선과 기도와 같이 긍정적인 정신 고양을 위한 하루 휴식을 시작하기 위하여 당신이 할 수 있는 일은 무엇인가?

16) 당신의 삶을 의미와 목적으로 가득 채우기 위하여 바꾸거나 향상시키거나 혹은 제거해야 할 것은 무엇인가?

17) 어떤 관계에서 당신은 더 많은 책임감을 가지게 되는가? 당신은 이를 구체적으로 어떻게 수행할 수 있는가?

18) 당신이 변명을 하거나 다른 사람을 비난하기 보다는 자신의 행동과 기분에 더 많은 책임을 느끼게 되는 시기는 언제 였는가?

19) 기대도 하지 않았는데 사랑을 하게 되듯이 당신이 더욱 사랑하는 사람이 될 수 있는 방법은 무엇인가? 구체적으로 언제 누구와 시작할 것인가?

20) 여러분 자신의 의견을 진술하기 전에 다른 사람들의 관점을 더욱 잘 이해하기 위하여 당신이 할 수 있는 일은 무엇인가?

21) 당신은 어떤 상황에서 협박을 받거나 공포를 느낀다 해도 후회가 없을 만큼 대담해지고 용기를 가지게 되어 모험을 감행하고 싶어지는가? 어떻게, 그리고 어느 시점에 당신은 이를 성취할 것인가?

22) 당신의 삶에서 앞으로 다가올 어떠한 상황에서 당신이 진정으로 원하는 결과를 성취하기 위하여 마음속에 떠올렸던 것을 실천할 수 있는가? 그 시작 시점은 언제인가?

23) 오늘 당신의 삶에서 성취하거나 혹은 실행할 수 없어 보이지만 실행된다면 당신이 한 것을 근본적으로 바꿀 수 있는 것은 무엇인가? 당신은 어떻게 이런 일이 일어나도록 할 수 있는가?

24) 당신의 개인적인 삶에서 많은 도약을 이룰 수 있는 가장 중요한 것은 무엇인가? 이를 시작할 시점은 언제인가?

> "There is no real excellence in all this world which can be separated from right living"
>
> *David Starr Jordan*
>
> "이 세상에는 올바른 삶으로부터 분리될 수 있는 진정한 우월함이란 존재하지 않는다."

실질적인 삶

25) 당신 스스로 마음의 평정을 찾기 위하여 열심히 해야 할 가치가 있는 것에 대한 변명을 하거나 기피하여 끝내지 못한 일은 무엇인가?

26) 당신의 인생에서 사람들과의 관계와 같이, 어떤 이유에서건 미루어 두기 보다는 100퍼센트 실행한다면 향상시킬 수 있는 영역이나 활동은 무엇인가?

27) 당신의 삶을 간소화 시키기 위하여 바꾸거나 제거하거나, 혹은 할 수 있는 일은 무엇인가?

28) 교육적 요구와 같이 인생에서 당신이 행위를 하기 전에 더 많은 계획을 세우는데 도움이 되는 영역이나 구체적 상황은 무엇인가? 또 계획을 세울 시기는 언제인가?

29) 재정 계획과 같이 당신의 인생에서 일시적이고 빠르게 해결 되는 일과는 반대로 조금 더 장기적인 해결에 집중한다면 많은 이익을 얻을 수 있는 구체적 영역이나 상황은 무엇인가?

30) 만약 당신에게 고치거나 없앤다면 마음의 평정을 찾을 수 있을 것 같은 개인적인 습관은 무엇인가?

31) 다른 사람들을 용서하는 능력과 같이 열심히 노력하거나 변화를 준다면 당신의 삶에 가장 긍정적인 영향을 줄 한 가지는 무엇인가?

32) 당신의 자녀가 감정적으로 강해졌다는 것을 확인하고 안심할 수 있는 것과 같이, 당신이 생을 마감하기 전에 확인하고 싶은 한가지는 무엇인가? 이를 위해서 해야 할 일은 무엇인가?

33) 흥미 있는 새로운 직업에 착수하는 일과 같이, 당신이 원하는 만큼 두려움도 없고 활동적이라면 무엇을 하겠는가? 현재 이를 하기 위해서는 어떻게 해야 하는가?

34) 만일 당신이 성공이 보장되는 새로운 사업을 직접 운영하는 등 인생을 걸어 할 수 있는 일이 있다면 이는 무엇인가? 어떤 단계를 밟아 이를 실현시킬 수 있는가?

35) 어떤 구체적 상황에서 당신이 조금 더 단호해 질 수 있는가? 우선 어떤 상황에서 이런 단계를 밟게 되며, 이 단계를 밟게 되는 시점은 언제인가?

36) 당신이 벗어나야 하거나 "아니오"라고 말해야 하는 구속은 무엇인가?

37) 다른 사람들이 당신의 약점을 이용하지 못하도록 죄책감 없이 당신이 할 수 있는 말이나 행동은 무엇인가?

38) 인생에서 어떤 영역 혹은 상황에서 변명을 하고 싶지 않은가? 이러한 영역이나 상황에서 진지해지기 위하여 당신이 구체적으로 하는 것은 무엇인가?

39) 감정적으로 깊이 연루되어있기보다는 객관적인 관찰자의 입장에 있는 것이 더 나은 관계는 어떤 경우인가?

40) 당신이 더욱 사려 깊어지고 예의 바르고 정중해지는 경우는 어떤 상황, 어떤 사람들과 함께 있을 때인가? 어떻게 이를 실현시키는가?

41) 조금 더 정중한 운전자가 되기 위하여 당신이 해야 할 일은 무엇인가?

42) 매일 운동을 하거나 개인적 목표를 성취하는 일과 같이 자신의 기분을 전환시키기 위하여 오늘 당신이 할 수 있는 일은 무엇인가?

43) 힘차게 악수를 하는 것과 같이 사람을 처음 만났을 때, 첫 인상을 강하게 남기기 위하여 당신이 할 수 있는 것은 무엇인가?

44) 당신의 시간을 조금 더 잘 관리하기 위하여 함께 모여서 할 수 있는 가족 활동이나 개인적 활동은 무엇인가?

45) 예를 들어, 자신의 목표를 적어서 지니고 다니는 것과 같이 당신의 목표와 남기고 싶은 일에 초점을 맞추어 두기 위하여 할 수 있는 일은 무엇인가?

46) 다음 한 해 동안 당신이 읽고 싶은 구체적인 책은 무엇인가? 가장 먼저 읽고 싶은 책은 무엇인가?

47) 당신의 어휘를 늘리고 문법을 향상시키기 위하여 당신이 할 수 있는 구체적인 활동(책, 테이프, 세미나)은 무엇인가?

48) 책을 빨리 읽는다던가 하는 학습 습관이나 능력 중 당신이 지니고 싶은 것이 있다면 무엇인가? 이를 시작할 시기는?

49) 배우고 싶은 언어는 무엇인가? 시작하려는 시기는 언제인가?

50) 당신이 개발하고싶은 발명품이나 새로운 상품, 서비스가 있다면 무엇인가? 이를 실행하기 위하여 당신이 할 수 있는 일은 무엇인가?

51) 당신은 어느 대학에 다니는가? 학위를 받으려고 하는가 혹은 단지 공부를 계속하려는 것이 목적인가?

52) 인생을 통하여 귀감으로써 행동하고 당신을 올바르게 이끌어줄 조언자로 선택하고 싶은 사람은 누구인가?

53) 어떤 종류의 특별 요리 법을 배우고 싶은가? 언제 배울 것인가?

54) 올해 당신의 생일날 하고 싶은 일은 무엇인가?

55) 올해 당신의 기념일에 당신이 하고 싶거나 받고 싶은 것은 무엇인가?

56) 호각이나 최루 신경 가스 캔과 같이 외부 공격으로부터 자신과 사랑하는 사람을 보호하기 위하여 몸에 지니고 다니거나 배워야 하는 호신술은 무엇인가? 언제 이를 확보할 것인가?

57) 성취하고 싶은 추가적 개인 목표는 무엇인가?

> 아이디어는, 그것을 외곬으로
> 구하고 있기만 하면 반드시 떠오른다.

채플린

    채플린은 단순히 웃음만을 주는 영화를 만든 것은 아니다. 현실 사회를 직시하고, 가난한 대중의 처지에서 사회악을 비판한 사회 풍자극을 만들었던 것이다. 그러나 정면으로 모순이나 불공평을 성토해도 관객은 받아들이지 않았다. 채플린은 어떤 연기가 대중을 즐겁게 할 것인지를 끊임없이 생각하고 있었던 것이다. 그래서 그의 독특한 분장과 연기가 생겨나고, 눈물과 웃음 속에 통렬한 풍자가 깃든 작품을 만들어서, 세계적으로 인기를 얻게 되었다. '아이디어를 외곬으로 구한다.'는 것은, 아이디어를 구하기 염원한다는 것과는 다르다. 끊임없이 생각하여 아무렇지도 않은 듯이 지나쳐 버리는 현실 속에서 자신의 상상력을 자극할 것 같은 사건을 캐치하는 것이며, 캐치한 것을 깊이 파내려 가는 것이다.

2
Health Goals
건강 목표

WHAT ARE YOUR GOALS?
Powerful Questions to Discover What You Want Out of Life

> "The preservation of health is a duty. Few seem conscious that there is such a thing as physical morality."
> *Herbert Spencer*
>
> "건강 관리는 의무이다. 신체의 도덕률과 같은 것이 있다는 것을 인식하고 있는 사람이 거의 없는 것 같다."

"건강을 가진 사람은 모든 것을 가진 사람이다" 라는 말이 있다.

이번 장에서는 다음 질문에 답을 할 수 있도록 도울 것이다.

나의 체력 단련을 위하여 할 수 있는 일은 무엇인가?
나의 에너지 수준을 높일 수 있는 방법은 무엇인가?

본 장에서는 당신이 간절히 원하고 있는 무병 장수를 하기 위하여 변화를 주어야 할 것들에 대하여 묻는 질문에 답하게 될 것이다. 이러한 질문들은 다이어트, 체중 조절, 건강 상태, 중독, 외모와 관련된 당신의 목표를 확인하도록 해줄 것이다.

예를 들면, 여러분은 아래와 유사한 목표를 써넣고 있는 자신을 발견하게 될 것이다.

- 한 시간 이상 직사광선에 직접 노출되는 동안 야외 활동과 피크닉에 앞서 태양가리개를 사용한다.
- 1년에 두 번 치과 검사와 클리닝을 받도록 한다.
- 주간 운동 프로그램에 참여한다.

여러분의 건강 목표에 조금 더 정확히 초점을 맞추도록 돕기 위하여 본 장은 3개의 하위 영역으로 나뉘어져 있다.

❓ 외모
여기서 제시되는 질문들은 당신의 외모, 즉 당신 자신과 다른 사람들에게 비춰지는 당신의 모습을 다루고 있다. 특히, 몸무게, 피부 톤, 머리, 치아, 눈을 다루는 질문들이 제시된다.

❓ 내면
여기서 제시되는 질문들은 다이어트와 식이요법 보완, 흡연과 수면 같이 직·간접적으로 당신의 건강에 영향을 미치는 것들을 다루고 있다. 이 부분에서는 심박수, 콜레스테롤 수준, 체지방 비율 등과 같은 사항들의 내적 징후들을 다룰 것이다.

❓ 운동
여기서 제시되는 질문들은 스포츠 활동, 매일의 건강과 운동 습관, 그리고 운동 도구와 프로그램을 다루고 있다.

당신의 건강 목표를 적는 일을 마치면, 본 장의 마지막에 있는 작업표를 이용하여 우선 순위를 매긴다. 이 작업표는 당신이 지금 바로 시작해야 하는 목표에 전력을 기울일 수 있도록 도와줄 것이다.

> "If you would perfect your body, guard your mind. If you would renew your body, beautify your mind. Strong, pure and happy thoughts build up the body in vigor and grace."
>
> *James Allen*
>
> "몸이 건강하다면, 마음을 다스리고, 몸을 새로 만들려면, 마음을 아름답게 하라. 강하고 순수하고 행복한 생각은 신체를 활력 있고 우아하게 만든다."

외모

1) 어느 정도의 몸무게를 원하는가? 필요한 체중 조절을 위하여 현실적으로 필요한 날짜는 몇 일이며 이를 성취할 수 있는 방법은 무엇인가?

   ┌───┐
   │   │
   │   │
   │   │
   └───┘

2) 어느 정도의 허리 사이즈를 원하는가? 어떤 사이즈의 옷을 입고싶은가?

   ┌───┐
   │   │
   └───┘

3) 80의 나이에 자신의 몸매가 어떻게 보이고 어떻게 느껴지기를 바라는가? 앞으로 자신이 원하는 몸매를 위하여 오늘부터 노력을 한다면 무엇을 할 수 있겠는가?

4) 얼마나 오래 살고 싶은가? 이 나이까지 건강 하려면, 향상시키거나 변화를 주어야 할 건강 습관은 어떤 것이 있는가?

5) 보습 로션을 사용한다거나 매일 6~8잔의 물을 마시는 일들과 같이 당신의 피부를 젊고 건강하게 관리하기 위하여 당신이 할 수 있는 일은 어떤 것인가?

6) 매일 양치질을 하는 것과 같이 당신의 치아와 잇몸의 건강을 유지하거나 향상시키기 위하여 할 수 있는 일은 무엇인가? 바꾸거나 하지 말아야 할 일 혹은 해야 할 일은 무엇인가?

7) 건강한 모발과 두피의 관리를 위하여 당신이 할 수 있는 일은 무엇인가?

8) 당신의 눈을 보호하기 위하여 할 수 있는 일은 무엇인가?

9) 성형 수술과 같이 당신의 외모를 향상시키기 위해 특별히 하고 싶은 것은 무엇인가? 구체적으로 언제 어떻게 이를 실행할 것인가?

> "It is not only what you eat that makes the difference, but also of extreme importance is when you eat it and in what combinations."
>
> *Harvey Diamond*
>
> "차이를 만드는 것은 당신이 무엇을 먹느냐 뿐만 아니라, 그것을 언제, 어떤 배합으로 먹느냐 하는 것 역시 아주 중요하다."

내면

10) 몇 퍼센트의 체지방을 원하는가? 이를 위하여 당신이 구체적으로 해야 할 일은 무엇인가?

```

```

11) 어느 정도의 심박수를 원하는가? 이를 위하여 당신이 구체적으로 해야 할 일은 무엇인가?

```

```

12) 어느 정도의 콜레스테롤 수준을 원하는가? 이를 위하여 당신이 구체적으로 해야 할 일은 무엇인가?

13) 얼마나 자주 건강 진단을 받는가? 예약 일은 언제인가?

14) 가장 높은 열량을 내는 음식과 같이 영양에 관하여 알고 싶은 사항은 무엇인가? 언제, 그리고 어떻게 이 정보를 얻을 것인가?

15) 과일 혹은 야채 식이요법과 같이 당신이 선호하는 일일 식이요법은 무엇인가? 언제 이를 시행할 것인가?

16) 어떤 종류의 비타민이나 비타민 식품을 섭취해야 하는가? 자신에게 필요한 영양분을 어떻게 결정하며, 언제부터 이를 섭취할 것인가?

17) 매일 수면 시간은 몇 시간인가? 이를 지키기 위하여 당신은 어떻게 하는가?

18) 예를 들어, 흡연과 밤 늦게 음식물을 섭취하는 일과 같이 건강에 해로운 습관이 있는가?

19) 당신의 신체적 삶의 질을 비약적으로 높이기 위하여 할 수 있는 일은 무엇인가?

20) 당신이 성취하고 싶은 추가적 건강 목표는 무엇인가?

> "Thirty to sixty minutes of exercise three or four times a week, without question will improve your health and quality of life."
>
> *James F. Fixx*
>
> "주 3~4일, 30분에서 1시간의 운동이 당신의 건강과 삶의 질을 향상시킬 것이라는 사실은 의심의 여지가 없다."

운동

21) 이른 아침 혹은 저녁에 매일 산책을 하는 일과 같이 당신이 원칙으로 삼고 개발하고 싶은 매일의 건강 습관은 무엇인가?

```
┌─────────────────────────────────────────┐
│                                         │
│                                         │
│                                         │
└─────────────────────────────────────────┘
```

22) 조깅과 같이 당신이 시작하고 싶은 신체 활동은 무엇인가? 언제 이를 시작할 것인가?

```
┌─────────────────────────────────────────┐
│                                         │
│                                         │
│                                         │
└─────────────────────────────────────────┘
```

23) 당신이 향상시키고 싶은 스포츠 활동은 무엇인가? 올해 이 일을 시작하고 싶은가?

24) 예를 들면, 3종 경기, 혹은 소프트볼 경기와 같은 운동 시합에 올해 참여하고 싶은 의향이 있는가?

25) 에어로빅과 같은 운동 프로그램에 참여할 의향이 있는가? 그렇다면, 얼마나 자주 참여할 수 있는가? 언제 시작할 것인가?

26) 꾸준한 운동 파트너로 선택하고 싶은 사람은 누구인가? 이 사람과 언제부터 운동을 시작할 것인가?

27) 스키장비와 같이 구비하고 싶은 운동장비는 무엇인가?

28) 당신의 체력, 유연성, 에너지 수준을 향상시키기 위하여 구체적으로 할 수 있는 일은 무엇인가? 언제부터 이를 시작할 것인가?

29) 쇼핑센터에서 마지막 주차 지점에 주차를 하여 걷는 거리를 늘리거나 짧은 거리를 걷는 등 매일 조금씩 운동을 할 수 있는 방법은 무엇인가?

30) 몸의 유연성을 기르는 것과 같이 당신이 좋아하는 스포츠 활동을 통하여 향상시키고 싶은 개인적인 부분은 무엇인가?

31) 당신이 도전해보고 싶거나 새로 시작해보고 싶은 활동이나 체육 영역은 무엇인가? 이를 시작할 시기는 언제인가?

32) 당신이 오늘 당장 하기는 힘든 체육 활동이지만, 이를 실행한다면, 근본적인 변화를 가져올 수 있는 것은 무엇인가?

3
Recreation Goals
여가 목표

WHAT ARE YOUR GOALS?
Powerful Questions to Discover What You Want Out of Life

> "Calmness of mind is one of the beautiful jewels of wisdom"
>
> *James Allen*
>
> "마음의 평정은 지혜의 아름다운 보석 중 하나이다."

이번 장에서는 다음 질문에 답을 할 수 있도록 도울 것이다.

나의 삶에 새로운 것을 더하기 위해서는 무엇을 해야 하며 어디를 가야만 하는가?

인생에서 더 많은 것을 얻기 위해서는 어떤 휴식을 취해야 하는가?

이번 장에서는 여행이나 창조적인 표현 혹은 문화 행사 참여 등을 통하여 당신의 삶을 윤택하게 하는 방법을 찾을 수 있도록 돕는 질문에 답을 할 수 있을 것이다.

예를 들면, 여러분은 아래와 유사한 목표를 써넣고 있는 자신을 발견하게 될 것이다.

- 지역 심포니 오케스트라 시즌 티켓을 구매한다.
- 우표 수집품을 정리한다.
- 적어도 하루 단위의 하이킹을 간다.

여러분의 개인적인 여가 목표에 조금 더 정확히 초점을 맞추도록 돕기 위하여 본 장은 3개의 하위 영역으로 나뉘어져 있다.

❓ 휴가

여기서 제시되는 질문들은 어떤 여행을 언제, 어디서 시작할 것인가에 초점을 맞추도록 도울 것이다.

❓ 활동

여기서 제시되는 질문들은 당신에게 진실로 가치가 있는 활동들에 여가 시간을 집중적으로 투자할 수 있도록 도울 것이다. 이러한 활동들은 악기 연주를 배우거나 새로운 게임을 배우고, 혹은 세미나 참여, 콘서트 혹은 특별 활동 등을 포함한다.

❓ 휴식

여기서 제시되는 질문들은 "휴가"와 "활동"에서 제시된 질문들과 크게 다르지는 않지만, 영혼의 새로운 활기와 안식을 위한 시간을 제공하는 여가와 차분한 활동에 초점을 맞추고 있다.

당신의 여가 목표를 적는 일을 마치면, 본 장의 마지막에 있는 작업표를 이용하여 우선 순위를 매긴다. 이 작업표는 당신이 지금 바로 시작해야 하는 목표에 전력을 기울일 수 있도록 도와줄 것이다.

"We are the instruments of our own performance, and to be effective, we need to recognize the importance of taking time regularly to renew and refresh."

Stephen Covey

"우리 자신은 스스로의 공연을 위한 도구이다. 그러므로 효율성을 높이기 위해서는 규칙적으로 휴식을 취하여 재충전을 하는 것이 얼마나 중요한지를 깨달아야 한다."

휴가

1) 다음 휴가에 하고 싶은 일은 무엇인가? 휴가는 언제 받을 생각인가?

2) 다음 휴가에 가고 싶은 곳은 어디인가?

3) 생전에 반드시 가보고 싶은 나라는 어느 나라인가?

4) 어느 나라의 (외국이건 국내건) 기념관이나 주요 박물관을 보고 싶은가? 언제 이것들을 보러 가겠는가?

5) 당신이 살고 있는 나라의 어느 지방을 가보고 싶은가? 언제 갈 것인가?

6) 당신이 살고 있는 도시나 공동체에서 주최하는 행사나 활동 중에 참여하고 싶은 것은 무엇인가?

7) 각 지방에서 열리는 시골 장과 같이 당신이 참여하거나 경험해보고 싶은 특별 행사는 무엇인가?

> "All work and no play makes Jack a dull boy"
> *James Howell*
>
> "일만하고 놀지않으면 바보가 된다."

활동

8) 어떤 악기를 배우거나 연주 실력을 향상시키고 싶은가? 언제 이를 시작할 것이며, 어떻게 배울 것인가?

9) 손으로 직접 만들 수 있는 것은 무엇인가? 얼마나 구체적으로 배울 수 있으며, 언제 이를 시작할 것인가?

10) 배우고 싶은 새로운 춤은 무엇인가? 언제, 어떻게 배울 것인가?

11) 당신이 배우고 싶거나 사용, 혹은 그 사용 영역을 확장하고 싶은 컴퓨터 프로그램은 무엇인가? 이를 언제, 어떻게 배울 것인가?

12) 어떠한 주제에 대하여 책이나 기사를 쓰고 싶은가? 언제 시작할 것인가?

13) 수상스키 혹은 골동품 수집 등과 같이 새롭고 색다른 취미나 활동은 무엇인가? 언제 시작할 것인가?

14) 셰익스피어의 연극과 같이 당신이 관람하고 싶은 공연은 구체적으로 무엇인가? 언제 공연을 보러 갈 생각인가?

15) 어떤 가수 혹은 그룹의 콘서트에 직접 가보고 싶은가?

16) 당신이 출연하고 싶은 텔레비전 쇼는 무엇인가? 이 프로그램의 입장 티켓은 어떻게 구할 수 있는가?

17) 프로 축구 경기와 같이 당신이 올해 참여하고 싶은 스포츠 경기는 무엇인가?

18) 수퍼 볼이나 헤비급 챔피언쉽과 같이 당신이 일생동안 적어도 한번 정도 참여해보고 싶은 운동 경기는 무엇인가?

19) 내년 새해맞이 행사를 어떻게 보내고 싶은가? 누구와 함께 하고 싶은가?

> "Wisely and slow, they stumble that run fast."
> *Shakespeare*
>
> "현명하게, 천천히, 그렇게 서둘다가는 실수하기 십상이다."

여가

20) 저녁 식사를 하고 싶은 새로운 식당이 있는가? 언제로 예약을 해둘 것인가?

21) 당신에게 운동과 휴식의 기회를 제공하는 참여하고 싶은 사회, 국가 동아리는 무엇인가? 언제 가입할 것인가?

22) 재미로 읽고싶은 책은 구체적으로 무엇인가? 이 중 먼저 읽고 싶은 것은 무엇인가?

23) 조금 더 자연을 즐기기 위하여 당신이 할 수 있는 일은 무엇인가? 언제 시작할 것인가?

24) 개인 소장품으로 가지고 싶은 새로 나온 음악이나 비디오 테이프는 무엇인가? 언제 이들을 소장할 것인가?

25) 당신에게 재충전을 위한 긍정적 영향을 준다고 생각하는 구체적인 텔레비전 프로그램은 무엇이며, 배제해야 할 프로그램은 무엇인가?

26) 테니스와 같이 다른 사람과 함께 하고 싶은 여가를 위한 운동은 무엇인가? 이를 위한 시간은 언제 마련해 놓을 것인가?

27) 당신이 더 많은 것을 알아보고 싶은 역사적 사건이나 인물들은 누구인가? 이를 언제 시작할 것인가?

28) 당신의 삶을 조금 더 편안하게 하기 위하여 당신이 추가적으로 할 수 있는 일과 배제해야 할 일은 무엇인가?

4
Family Goals
가족 목표

WHAT ARE YOUR GOALS?
Powerful Questions to Discover What You Want Out of Life

> "The happiest moments of my life have been the few which I have passed at home in the bosom of my family."
>
> *Thomas Jefferson*
>
> "내 생애 가장 행복한 순간은 가족들의 품에서 보낸 얼마 안 되는 시간이었다."

어떠한 사회적 성공도 가족 관계의 실패를 상쇄시킬 수는 없다.

이번 장에서는 다음 질문에 답을 할 수 있도록 도울 것이다.

가족의 결속력을 높이기 위하여 내가 할 일은 무엇인가?
부모님들이 더 이상 독립적으로 삶을 꾸려나가지 못하게 되었을 때 내가 할 수 있는 최선의 보살핌은 무엇인가?

본 장에서는 가족의 한 구성원으로써 당신이 지닌 강점과 한계를 확인하도록 돕는 질문에 답을 하게 될 것이다. 이 질문들은 배우자를 구하는 것이나 둘 사이의 관계를 향상시키는 것, 가족 단위에 대한 개인의 역할, 건전한 관계를 위한 관리 등과 관련된 목표를 확인할 수 있도록 당신을 이끌어줄 것이다.

예를 들면, 여러분은 아래와 유사한 목표를 써넣고 있는 자신을 발견하게 될 것이다.

- "자녀 없이" 배우자와 단 둘이서 즐길 수 있는 휴가 계획
- 매일밤 적어도 15분간 자녀들에게 책 읽어주기
- 가족 주말 여행에 부모님 초대하기

여러분의 개인적인 가족 목표에 조금 더 정확히 초점을 맞추도록 돕기 위하여 본 장은 3개의 하위 영역으로 나뉘어져 있다.

❓ 배우자
여기서 제시되는 질문들은 배우자를 구하거나 이 배우자와의 관계를 향상시키는데 도움을 줄 것이다. 특히, 이 질문들은 당신이 이러한 중요한 관계를 시작하는 방법을 찾도록 도울 것이다.

❓ 자녀
여기서 제시되는 질문들은 분명하고 돈독한 당신의 자녀들과의 관계(혹은 당신과 특별한 관계에 있는 다른 사람의 자녀들과의 관계 포함)를 지원하는 것과 관련된 목표를 개발하도록 도울 것이다.

❓ 부모님과 친척
여기서 제시되는 질문들은 부모님, 형제자매와 다른 친척들과의 올바른 관계를 형성하는데 관련된 목표 개발을 도울 것이다.

당신의 가족 목표를 적는 일을 마치면, 본 장의 마지막에 있는 작업표를 이용하여 우선 순위를 매긴다. 이 작업표는 당신이 지금 바로 시작해야 하는 목표에 전력을 기울일 수 있도록 도와줄 것이다.

> "There is no more lovely, friendly, and charming relationship, communion, or company than a good marriage."
>
> *Martin Luther King, Jr.*
>
> "아무리 사랑스럽고 우정 깊은 매력적인 교우 관계라 해도 좋은 결혼만 한 관계는 없다."

배우자

1) 자주 카드를 보내거나 자연스러운 포옹과 같이 당신이 사랑하는 사람에게 기쁨과 감사를 표하는 작고 간단한 방법은 무엇인가? 언제 이를 시작할 것이며, 어떤 방법을 먼저 사용하겠는가?

```
┌─────────────────────────────────────────────┐
│                                             │
│                                             │
│                                             │
└─────────────────────────────────────────────┘
```

2) 당신의 배우자가 깊이 감사할 정도로 둘의 관계에서 덜 이기적일 수 있는 방법은 무엇인가?

```
┌─────────────────────────────────────────────┐
│                                             │
│                                             │
│                                             │
└─────────────────────────────────────────────┘
```

3) 당신의 배우자와 더욱 가깝고 사랑스러운 관계를 유지하기 위하여 할 수 있는 일은 무엇인가?

4) 배우자와의 관계를 향상시키기 위하여 포기하거나, 타협 하거나 혹은 할 수 있는 일은 무엇인가?

5) 두 사람 사이의 관계에 있어 웃음과 자발성을 야기시키거나 둘의 관계를 더욱 돈독하게 하기 위하여 할 수 있는 일은 무엇인가?

6) 어떠한 태도나 행동, 혹은 특성을 당신의 배우자가 명백히 했으면 좋겠는가? 당신이 배우자를 도울 수 있는 방법은 무엇인가?

7) 당신의 배우자와 성적 친밀감을 강화하기 위하여 당신이 할 수 있는 일은 무엇인가?

8) 당신의 배우자와 함께 즐기고 싶은 취미, 활동, 혹은 지적 탐구가 있다면 무엇인가? 언제, 그리고 어떻게 이를 시작할 것인가?

9) 배우자의 자아 이미지를 형성하기 위하여 당신이 할 수 있는 일은 무엇인가?

10) 사랑하는 사람을 깜짝 놀라게 하기 위하여, 호텔 스위트 룸을 예약하는 등 당신이 할 수 있는 일은 무엇인가? 언제 이 일을 실행할 것인가?

11) 배우자와의 관계에 있어 반복되는 부정적 경험들을 당신은 어떻게 제거할 수 있는가?

12) 당신이 배우자와 함께 할 수 있는 새로운 일이나 활동, 취미 생활은 무엇인가?

13) 자녀가 독립을 하기 위하여 당신의 품을 떠날 때 당신은 어떻게 감정적으로 준비할 수 있는가?

14) 자녀들이 장성한 후 당신과 당신의 배우자는 어떤 일을 하고 싶은가? 혹은 어떤 일을 할 것이라고 생각되는가?

15) 당신이 투자하고 있는 곳은 어디인지, 재산관리는 어떻게 하고 있는지 하는 문제와 같이 갑작스러운 죽음에 대비하여 당신과 당신의 배우자 서로에게 알려주어야 할 문제들은 무엇인가?

16) 당신의 이상형을 묘사해보라. 당신의 이상형과 같은 사람을 매혹시키기 위하여 당신이 할 수 있는 것은 무엇인가?

17) 당신의 첫, 혹은 두 번째 신혼여행은 어디로 가고싶은가?

18) 어떤 종류의 결혼식과 피로연을 하고 싶은가?

19) 다음 결혼 기념일에 당신의 배우자에게 해주고 싶은 선물은 무엇인가?

20) 배우자와의 관계를 비약적으로 발전시키기 위하여 당신이 할 수 있는 일은 무엇인가?

21) 오늘 당신이 당신의 배우자와 할 수 없지만 이를 한다면 기본적으로 두 사람의 관계를 향상시켜 줄 수 있는 일은 무엇인가?

22) 당신의 배우자를 위하여 혹은 그(그녀)와 함께 성취하고 싶은 추가 목표는 무엇인가?

> "The first and finest lesson that parents can teach their children is faith and courage."
>
> Smiley Blanton, M.D.
>
> "부모가 자녀에게 가장 우선적이자 최후에 줄 수 있는 교훈은 믿음과 용기이다"

자녀

23) 당신의 자녀와 어떤 관계를 가지고 싶은가? 어떻게 이와 같은 관계로 발전시킬 수 있는가?

24) 다른 사람을 용서하는 마음이나 사랑하는 마음과 같이 당신의 자녀가 당신에 대하여 가장 많이 기억해주었으면 싶은 가장 중요한 일들은 무엇인가?

25) 당신의 자녀와 더욱 친밀해지기 위하여 당신이 할 수 있는 일은 무엇인가?

26) 당신의 자녀나 손주들을 위하여 일기에 어떤 기록을 남겨두고 싶은가?

27) 아기 치아와 속을 채운 동물 인형과 같이 아이들이 어렸을 때 특별한 친밀감을 느끼며 지녔던 물건들 중 당신이 기념으로 남기고 싶은 물건이 있다면 무엇인가?

28) 자녀의 고등학교 졸업식과 같이 앞으로의 좋은 기억으로 남기기 위하여 비디오 테이프나 사진으로 남겨두고 싶은 이벤트는 무엇인가?

29) 자녀들에 대한 사랑과 그들의 자존심을 보호해주고 있다는 점을 보여주면서 훈련시킬 수 있는 방법은 무엇인가?

30) 마약, 성, 그리고 가치관 등, 다른 사람으로부터 배우기 전에 자녀들에게 먼저 가르쳐주고 싶은 것은 무엇인가?

31) 책을 읽어주거나, 함께 쇼핑을 가는 등, 매일 좋은 시간을 보내기 위하여 당신이 할 수 있는 활동은 무엇인가?

32) 예를 들면, 어린이 경기 코치를 하는 등 자녀에 대하여 더 많은 것을 알고 대화하기 위하여 당신이 할 수 있는 것은 무엇인가?

33) 자녀의 자아 이미지를 향상시켜주기 위하여 당신이 할 수 있는 일은 무엇인가?

34) 저녁 식사시간을 가족들의 경험을 나누는 즐거운 시간으로 만들기 위하여 당신이 할 수 있는 일은 무엇인가?

35) 당신의 자녀에게 더 나은 역할 모델이 되기 위하여 할 수 있는 일은 무엇인가?

36) 당신의 자네에게 가르쳐주고 싶은 생명 구조 프로그램은 무엇인가? 이를 시작할 시기는 언제인가?

37) 자녀의 교육을 최적화하기 위하여 당신이 할 수 있는 일은 무엇인가?

38) 자녀들에게 책임감을 가지고 일할 수 있도록 가르치고 싶은 집안 일은 무엇인가?

39) 어떤 학교에 자녀들을 보내고 싶은가?

40) 다른 문화와 인종에 대하여 자녀들을 가르치기 위하여 무엇을 어떻게 하고싶은가?

41) 가난, 성, 가족의 가치에 관하여 자녀들에게 가르치고 싶은 것은 무엇인가?

42) 신체 장애 혹은 정신 장애자들에 대하여 자녀들에게 이해 시키고 싶은 것은 무엇인가?

43) 자녀들이 죽음에 대하여 어떻게 이해하기를 바라는가? 언제, 어떻게 죽음에 대하여 그들에게 설명해주겠는가?

44) 자녀들의 지적 활동의 성장을 돕기 위하여 당신이 함께 하고 싶거나 소개해주고 싶은 것은 무엇인가?

45) 자녀들에게 소개해주고 싶은 스포츠 활동은 무엇인가? 어떤 스포츠 활동에 자녀들을 참가하도록 격려해주고 싶은가?

46) 자녀들에게 또래 친구들과 더 잘 어울리도록 도와줄 수 있는 방법은 무엇인가?

47) 자녀들을 편애하지 않는다고 어떻게 확신할 수 있는가? 만약, 당신이 한 아이에게 다른 아이보다 많은 사랑을 보여준다면, 이 편견을 어떻게 고쳐나갈 것인가?

48) 자녀들에 의해 조종당하는 것으로부터 당신과 배우자를 서로 보호할 수 있는 방법은 무엇인가? 어떤 합의나 대화를 할 수 있는가?

49) 줄넘기나 그네타기 등 당신 스스로를 어린 시절로 되돌릴 수 있으며, 자녀들과 함께 할 수 있는 게임이나 활동들은 무엇인가? 이를 자주 할 수 있는 방법은 없는가?

50) 인생에 있어 돈의 역할에 대하여 그리고 이를 관리하고 투자, 저축 또는 현명하게 지출하는 방법을 자녀들에게 가르칠 수 있는 방법은 무엇인가?

51) 언제 그리고 어떻게 당신의 자녀들에게 목표설정의 중요성에 대하여 가르치고 싶은가?

52) 예를 들어 펑크난 타이어를 갈아 끼우는 것과 같이 차에 대하여 당신의 자녀들에게 가르쳐주고 싶은 것은 무엇이며, 언제 이를 실행할 것인가?

53) 대학 졸업 선물로 자녀들에게 주고 싶은 의미 있고 추억할 만한 선물은 무엇인가?

54) 축하 연설 등 자녀의 결혼식에 당신이 하고 싶은 것은 무엇인가?

55) 당신 자녀의 친구들과 어떤 관계를 맺고 싶은가? 이를 위하여 당신이 할 수 있는 일은 무엇인가?

56) 자녀들의 부모들과 어떤 관계를 맺고 싶은가? 이를 위하여 당신이 할 수 있는 일은 무엇인가?

57) 몇 명의 자녀를 두고 싶은가?

58) 자녀와의 관계에서 비약적인 발전을 하기 위하여 당신이 할 수 있는 일은 무엇인가?

59) 오늘 할 수는 없지만 한다면 자녀와의 관계를 근본적으로 향상시킬 수 있을 것 같은 일은 무엇인가?

60) 자녀들과 혹은 그들을 위하여 성취하고 싶은 추가적인 목표는 무엇인가?

> "No career or community successes will compensate you adequately for failure with your family."
> *Stephen Covey*
>
> "어떠한 사회적 성공이나 커리어도 가족 관계에서의 실패를 충분히 보상하지는 못할 것이다."

부모와 친척

61) 당신의 부모님과 함께 할 수 있는 활동은 무엇이며, 언제 계획을 세울 것인가?

62) 배우자의 부모님과 할 수 있는 활동은 무엇인가?

63) 유람선 여행을 보내드리거나 재정적으로 도움을 주는 등 부모님들의 삶을 더욱 즐겁게 해드리기 위하여 당신이 할 수 있는 일은 무엇인가?

64) 부모님이나 친척들과 더욱 친밀해지기 위하여 할 수 있는 일은 무엇인가?

65) 당신의 부모님이나 배우자의 부모님들의 나이가 너무 많이 들어 스스로를 돌볼 능력이 없게 되었을 때를 대비하여 어떤 준비와 협의를 할 수 있겠는가?

66) 모든 가족 구성원들과 함께 나누고 싶지만, 어떤 이유에서건 이를 주저하게 되는 것은 무엇인가?

67) 오랫동안 연락하지 못한 당신이 전화를 하거나 편지를 써야 하는 가까운 가족 구성원은 누구이며, 이들과 언제 연락할 것인가?

68) 병들었거나 나이든 친척들 중 죽음을 맞이하기 전에 당신이 더 많이 알고 싶고 당신에 대하여 더 많은 것을 나누고 싶은 친척들은 누구인가?

69) 자전거 타기나 캠핑과 같이 다른 가족 구성원들과 함께 하고 싶은 스포츠 활동이나 공통 관심사는 무엇인가?

70) 가족사에 대하여 알고 싶은 것은 무엇인가? 이를 위하여 당신이 할 수 있는 일은 무엇인가?

71) 가족 소풍과 같이 부모님이나 가까운 친척들과 함께 계획을 세울 수 있는 특별 연중 행사는 무엇인가?

72) 전체 가족과의 가족 재결합을 준비하기 위하여 당신이 할 수 있는 일은 무엇인가?

73) 부모님이나 다른 친척들과의 관계에서 비약적인 발전을 위하여 당신이 할 수 있는 일은 무엇인가?

74) 시부모(혹은 장인, 장모) 또는 친척들과 오늘 할 수는 없지만 한다면 근본적으로 관계를 향상시킬 수 있는 일은 무엇인가?

75) 부모님이나 다른 친척들과 혹은 그들을 위하여 성취하고 싶은 추가적인 목표는 무엇인가?

> 우정은 성장이 느린 식물이다.
> 우정이라 부를 만한 곳까지 성장하려면, 거듭
> 되는 곤란을 견뎌야 한다.
>
> — 워싱턴

　남녀 사이에서 한눈에 반한다고 하듯이, 친구 사이에도 첫인상이라는 것이 있다. 한두 마디만 나누고도 '아, 이 친구는 나랑 잘 맞겠는걸.' 하면서 빨리 친해지는 것은 별로 드문 일이 아니다. 가치관이나 취미 등 일치되는 부분이 많으면 많을수록, 멋진 친구를 얻었다고 기쁘게 여긴다.

　영국의 의학자 토머스 영은 '우정은 인생의 포도주이다.'라고 말하고 있다. 그러나 방금 빚은 포도주와 같이. '새 우정은 강하지 않고, 순수하지도 않다.' 하고 말을 잇는다. 젊은 시절에는 친구라고 생각하였더라도, 그 뒤 서로의 인생에 갖가지 일들이 생겨서, 친교를 끊는 경우도 생길 수 있다. 그런 시련을 같이 극복함으로써 비로소 참된 친구라고 부를 수 있는 것이라고 워싱턴도 말하고 있는 것이다.

■ 미국의 초대 대통령 - 조지 워싱턴(1732~1799)
　독립군의 총사령관으로서 독립 전쟁을 승리로 이끌고, 1789년 대통령이 되었다. 대통령 취임 후에는 연방 정부의 기초 확립에 노력하였다. 3선을 고사하고 은퇴하였다.

5
Friendship Goals
우정 목표

WHAT ARE YOUR GOALS?
Powerful Questions to Discover What You Want Out of Life

> "A friend may well be reckoned the masterpiece of Nature"
>
> *Ralph Waldo Emerson*
>
> "우정이란 자연의 가장 훌륭한 작품으로 평가될 것이다."

이번 장에서는 다음 질문에 답을 할 수 있도록 도울 것이다.

내가 관계를 다시 회복해야 하는 사람은 누구인가?

멀리 살고 있는 친구와 지속적으로 연락할 수 있는 방법은 무엇인가?

생활고와 싸우는 친구를 지원해줄 수 있는 방법은 무엇인가?

본 장에서는 다른 사람과의 관계와 의무를 지닌 우정에 균형을 맞추기 위하여 당신이 이루어야 하는 변화를 확인하도록 돕는 질문에 답을 하게 될 것이다.

예를 들면, 여러분은 아래와 유사한 목표를 써넣고 있는 자신을 발견하게 될 것이다.

- 배우자의 친구와 대화를 한다.
- 저녁식사에 부모가 된 친구를 그 자녀들과 함께 초대한다.
- 알코올 중독증세가 있는 친구에게 술을 권하지 않는다.

여러분의 개인적인 우정 목표에 조금 더 정확히 초점을 맞추도록 돕기 위하여 본 장은 2개의 하위 영역으로 나뉘어져 있다.

❓ 관계
여기에서 제시되는 질문들은 개인적인 것보다는 관계에 초점을 맞추어 이 관계들을 간략하게 하거나, 돈독하게 하도록 도울 것이다.

❓ 실질적인 기여
여기에서 제시되는 질문들은 특별한 도움을 필요로 하는 친구들을 돕고 당신의 관계에 가치를 더할 수 있도록 하는 행위에 관련된 목표를 개발하도록 도울 것이다.

당신이 우정 목표를 적는 일을 마치면, 본 장의 마지막에 있는 작업표를 이용하여 우선 순위를 매긴다. 이 작업표는 당신이 지금 바로 시작해야 하는 목표에 전력을 기울일 수 있도록 도와줄 것이다.

> "A true friend is one soul in two bodies."
>
> *Aristotle*
>
> "진정한 친구란 두개의 몸 속에 있는 하나의 영혼이다."

관계

1) 여러 해 동안 이야기를 나누지 못한 친구들 중 연락을 하고 싶은 사람은 누구인가 어떤 관계를 다시 회복하고 새롭게 하고 싶은가 또 이를 언제 실행할 것인가?

2) 당신의 이웃과 같이, 당신이 더 가까운 관계로 발전하고 싶은 사람들은 누구인가?

3) 오랜 친구와 지속적인 연락을 더 잘 하기 위하여 당신이 할 수 있는 일은 무엇인가 누구와 언제 이를 시작할 것인가?

4) 당신의 가장 친한 친구와의 관계를 더욱 깊고 돈독하게 하기 위하여 당신이 할 수 있는 일은 무엇인가?

5) 구체적으로 어떤 사람들이 당신 주변에 있기를 바라는가 이런 사람들을 주변에 두기 위하여 당신은 무엇을 할 수 있는가?

6) 함께 많은 시간을 보내기가 꺼려지는 사람은 누구인가?

7) 함께 끝내야 하는 관계가 있다면 무엇인가?

8) 당신이 고치고 싶어하는 진실로 진정한 당신을 표현하지 못하는 개인적 행동은 무엇인가?

9) 당신이 죽음을 맞이하기 전에 당신의 친구들과 혹은 그들을 위하여 할 수 있는 마지막 기여는 무엇인가?

10) 당신의 친구들과의 관계에서 비약적인 발전을 위하여 당신이 할 수 있는 일은 무엇인가?

11) 당신의 친구들과 오늘 할 수는 없지만, 한다면 근본적으로 관계를 향상시킬 수 있는 일은 무엇인가?

12) 친구들과 함께 혹은 그들을 위하여 성취하고 싶은 추가적인 목표는 무엇인가?

> "There can be no friendship without confidence and no confidence without integrity."
>
> *Samuel Johnson*
>
> "믿음 없는 우정은 존재할 수 없으며, 정직함 없는 믿음 역시 존재하지 않는다."

실질적인 기여

13) 당신의 목표와 두려움과 같이 친구들이 알지 못하는 당신이 지니고 있는 측면 중 이들과 나누고 싶은 것은 무엇인가

14) 더 훌륭하고 더욱 믿음직스러운 친구가 되기 위하여 당신이 할 수 있는 일은 구체적으로 무엇인가?

15) 레프팅과 같이 친구들과 함께 할 수 있는 공통 관심사나 스포츠 활동은 무엇인가 언제 이를 할 것인가?

16) 개인적으로 보트를 빌리는 등 가장 친한 친구의 다음 생일날 특별한 경험을 만들어주기 위하여 당신이 하고 싶은 것은 무엇인가?

17) 배우자의 친구들 중 당신이 더 많이 알고 싶은 사람은 누구인가?

일을 할 때에는 기분좋게 하라

바그너

스포츠 선수들이 흔히 듣는 말이지만, 억지로 연습하면, 다치기 쉽다고 한다. 따라서 트레이닝을 할 때에는, 정신을 집중시켜서 하라고 한다. 일도 마찬가지이다. 바그너는 '일을 할 때에는 기분좋게 하라.'는 말 다음에 '그렇게 하면 일도 잘 되고, 몸도 피곤하지 않다.'라고 한다. 하지만, 정말로 일이 시시하여 도저히 기분좋게 할 수 없다고 말할 사람도 있을 것이다.

그런 사람에게는 A. 카네기의 말을 소개한다. '일이 재미있는 척하면, 그것만으로도 일이 정말 재미있어지니 이상한 일이다. 피로를 별로 느끼지 못하게 되고, 긴장도 풀리며, 걱정도 가벼워진다.'

시도해 볼 만나 가치가 있는 말이다. 적어도 투덜투덜 불평만 늘어놓으면서 일을 하는 것보다는 훨씬 낫다.

■ 독일의 경제학자이자 정치가
아돌프 하인리히 바그너(1835~1917)

베를린 대학에서 교편을 잡았다. 신역사학파의 대표로 국가 사회주의 이름 아래, 국가의 강력하고도 광범위한 경제 정책의 필요성을 주장하였다. 저서에는 〈사회 민주주의〉〈강단 및 국가 사회주의〉 따위가 있다.

6
Community Goals
공동체 목표

WHAT ARE YOUR GOALS?
Powerful Questions to Discover What You Want Out of Life

> "I expect to pass through this world but once. Any good therefore that I can do, or any kindness that I can show to any fellow creature, let me do it now. Let me not defer or neglect it, for I shall not pass this way again."
>
> *Ralph Waldo Emerson*
>
> "나는 이 세계를 지나가리라 기대한다. 그러나 단 한번 뿐이다. 그러므로 누구에게나 내가 할 수 있는 선행이나 내가 보여줄 수 있는 친절함이 있다면, 지금 그것을 내가 하도록 하소서. 이를 미루거나 무시하지 않도록 하소서. 나는 이 길을 다시는 지나가지 않을 것이기에…"

사회에 대하여, 다른 사람을 돕는 일에 대하여 당신의 책임은 무엇이며, 당신의 공동체(지역 공동체에서부터 세계 공동체에 이르기까지)에 기여하고 싶은 점은 무엇인가?

본 장에서는 당신이 공동체에 투자하기 위한 당신의 목표를 확인하도록 돕는 질문에 답을 하게 될 것이다. 예를 들면, 여러분은 아래와 유사한 목표를 써넣고 있는 자신을 발견하게 될 것이다.

- 교육위원회와 학부모 교사 단체 모임에 참석한다.
- 나의 중고 차를 매각하는 대신 자선 단체에 기부한다.
- 지역 공공 방송국에 봉사자로 참여한다.

여러분의 개인적인 공동체 목표에 조금 더 정확히 초점

을 맞추도록 돕기 위하여 본 장은 2개의 하위 영역으로 나뉘어져 있다.

❓ 시간
여기서 제시되는 질문들은 절친한 친구와 가족 테두리를 벗어난 사람들에 대해 봉사하는 방법을 확인하도록 도울 것이다.

❓ 소유
여기서 제시되는 질문들은 당신의 공동체와 함께 나눌 수 있는 돈, 의복, 음식, 장기(臟器) 등과 같은 물적 자원에 관계된 목표를 개발하도록 도울 것이다.

당신이 공동체 목표를 적는 일을 마치면, 본 장의 마지막에 있는 작업표를 이용하여 우선 순위를 매긴다. 이 작업표는 당신이 지금 바로 시작해야 하는 목표에 전력을 기울일 수 있도록 도와줄 것이다.

> "You give but little when you give of your possessions.
> It is when you give of yourself that you truly give."
>
> *Kahil Gibran*
>
> "당신이 소유한 것을 줄때는 주기는 주되 거의 주지 않는다. 당신 자신을 내어줄 때가 바로 진실로 당신이 주는 것이다."

시간

1) 적십자와 같이 당신이 가입하고 자원하고 싶은 기관이나 공공 봉사 활동은 무엇인가? 이를 언제 시작할 것인가?

```

```

2) 당신의 공동체를 위하여 하고싶은 기여나 원조가 있다면 무엇인가? 이를 어떻게 시작할 것인가?

```

```

3) 다른 사람들을 위한 삶을 더욱 즐겁게 만들기 위하여 당신이 할 수 있는 친절하고 정중한 행동은 무엇이 있겠는가?

4) 매일의 삶을 살아가면서 사회와 사람들에게 진정으로 활력을 주기 위하여 당신이 할 수 있는 일은 무엇인가?

5) 노년 시절에 기운을 북돋기 위하여 당신이 할 수 있는 일은 무엇인가?

6) 당신이 인류를 위하여 하고 싶은 마지막 기여는 무엇인가? 어떻게 기억에 남고 싶은가?

7) 에이즈 의식과 같이 당신이 더욱 깊이 관여하고 싶은 정치적, 사회적 혹은 도덕적 대의명분은 무엇인가? 언제, 어떻게 이를 시작할 것인가?

8) 공동체 보안 프로그램 구성과 같이 당신이 살고 있는 이웃이나 공동체를 더욱 안전하게 만들기 위하여 당신이 할 수 있는 일은 무엇인가? 이를 언제 시작할 것인가?

9) 다른 사람을 돕는 봉사활동에 있어 오늘 할 수는 없지만 한다면 근본적으로 당신의 삶과 다른 많은 사람들의 삶을 변화시킬 수 있는 일은 무엇인가?

"There is no lasting happiness in having or in getting, but only in giving."

Henry Drummon

"소유하거나 얻는 것에서는 마지막 행복을 누릴 수 없으나, 주는 것에서만은 마지막 행복을 얻을 수 있다."

열정

10) 당신의 사후 기증하고 싶은 장기는 무엇인가? 이를 위하여 당신이 지금 할 수 있는 일은 무엇인가?

11) 당신 혹은 가족들이 더 이상 필요가 없거나 사용하지 않아 기부할 수 있는 옷이나 물건이 있다면 무엇인가? 언제, 그리고 어떤 단체에 기부할 것인가?

12) 당신이 돈을 기부하여 지원하고 싶은 자선 단체나 행사는 무엇인가? 각각 얼마의 돈을 기탁할 것인가?

13) 당신의 찬장에 남아있는 음식 중 다른 사람이 이용할 수 있는 음식은 무엇인가?

14) 교회나 도서관에 기증하는 것과 같이 당신이 이미 다 읽고 책꽂이에 꽂혀있는 책들로 당신이 할 수 있는 일은 무엇인가?

15) 노인들에게 매일 기운을 북돋워주기 위하여 전화를 하는 등 다른 사람을 돕기 위하여 전화를 사용하여 할 수 있는 일은 무엇인가?

16) 학교와 다른 청소년 그룹에 의하여 구성된 공병 수집 운동과 같이 다른 사람을 돕기 위하여 재활용품을 이용하여 당신이 할 수 있는 일은 무엇인가?

17) 당신이 더 이상 사용하지 않는 물건들 중에 이를 더욱 필요로 하는 사람들에게 줄 수 있는 추가적 소유물은 무엇인가?

18) 당신이 추가적으로 성취하고 싶은 공동체와 봉사 목표는 무엇인가?

7
Career Goals
커리어 목표

WHAT ARE YOUR GOALS?
Powerful Questions to Discover What You Want Out of Life

"The man who will use his skill and constructive imagination to see how much he can give for a dollar instead of how little he can give for a dollar is bound to succeed."

Henry Ford

"자신의 능력과 건설적인 이상을 얼마나 적게 이용하면서 보수를 받을 수 있는가를 생각하는 대신 이 이상과 능력을 얼마나 많이 이용할 수 있는가를 생각하는 사람은 성공한다."

자신에게 다음 질문들을 해보라.
더 나은 봉사를 하기 위하여 내가 만들 수 있는 기회는 무엇인가?
재정적인 이득을 위하여 일에 노력을 쏟을 수 있는 방법은 무엇인가?
혼자 힘으로 사업을 해야 하는가?

당신이 어떤 사명감이 있다면, 당신은 그 일에 대한 커리어가 있다는 사실을 인식하는 것이 필요하다. 자신이 하는 일에 대하여 보수를 받지 않는다 해도, 부모들이 집에서 자녀를 키우기로 결정하는 것과 같이 커리어를 가질 수 있다.

예를 들면, 여러분은 아래와 유사한 목표를 써넣고 있는 자신을 발견하게 될 것이다.

• 나의 전문적인 제휴에 있어 더욱 커다란 책임을 받아

들인다.
- 컴퓨터 게시판 서비스 사용법을 배운다.
- 직장에서 상사와의 관계를 향상시킨다.

 여러분의 개인적인 커리어 목표에 조금 더 정확히 초점을 맞추도록 돕기 위하여 본 장은 3개의 하위 영역으로 나뉘어져 있다.

❓ 개발
 여기서 제시되는 질문들은 능력과 커리어 개발을 위한 적합한 활동과 전략적 목적을 확인하도록 도울 것이다.

❓ 관계
 여기서 제시되는 질문들은 당신과 함께 커리어나 전문적 흥미를 나누는 동료들과의 대학 조직과 같은 관계를 성립하기 위한 노력에 초점을 맞추도록 도울 것이다.

❓ 기회
 여기서 제시되는 질문들은 커리어 개발과 진보를 위한 기회를 확인할 수 있도록 도울 것이다.

 당신이 커리어 목표를 적는 일을 마치면, 본 장의 마지막에 있는 작업표를 이용하여 우선 순위를 매긴다. 이 작업표는 당신이 지금 바로 시작해야 하는 목표에 전력을 기울일 수 있도록 도와줄 것이다.

> "Things which matter most must never be at the mercy of things which matter least."
>
> *Goethe*
>
> "가장 중요한 것들은 가장 중요하지 않은 것들에 의하여 좌우되지 말아야 한다."

개발

1) 당신의 전문적인 분야에서 가장 훌륭하며, 최고가 되기 위하여 구체적으로 당신이 해야 할 일은 무엇인가?

2) 당신의 지도 능력을 강화시키고 아래 직원들로부터 존경을 받기 위하여 당신이 할 수 있는 일은 무엇인가?

3) 당신이 일하고 있는 영역에서 더욱 최신 정보와 지식을 얻기 위하여 산업 출판물을 읽거나 다양한 인터넷 사이트 클럽에 가입하는 등 당신이 할 수 있는 일은 무엇인가?

4) 새로운 기술의 습득을 요구하는 당신의 사업에서 앞으로의 경향은 어떠하며, 여기에 자금 투자를 언제 시작할 것인가?

5) 더 나은 조직화를 위하여 지양해야 하거나, 바꾸거나 해야 할 일은 구체적으로 무엇인가?

6) 당신이 더 나은 협상을 한다면, 이윤을 얻을 수 있는 상황은 어떤 상황인가? 이를 성취하기 위하여 당신이 할 수 있는 일은 무엇인가?

7) 어떤 종류의 직업 자격증을 취득하고 싶은가? 언제 이를 실행할 것인가?

8) 당시의 커리어를 진일보 시키기 위하여 참여하고 싶은 추가적인 커리어 교육은 무엇인가? 이를 언제 시작할 것인가?

9) 영업 능력과 같이 당신이 계발하거나 강화하고 싶은 전문적인 기술은 무엇이며, 이를 시작할 시기는 언제인가?

10) 당신이 성취하고 싶은 더 높은 교육 학위는 무엇인가? 언제 시작할 것인가?

11) 현대 정보화 시대를 살아가기 위하여 당신이 배우면 이득이 되는 새로운 기술 설비에는 무엇이 있는가?

12) 당신의 커리어에 더욱 커다란 가시성과 더욱 높은 신뢰성을 부여하기 위하여 당신은 어떤 학회나 기관에 가입 혹은 참여할 수 있는가?

13) 커리어 조언자로 두고 싶은 사람은 누구인가?

14) 당신의 커리어를 보강하기 위하여 대중 연설과 같이 당신 스스로 연습, 실행할 수 있는 활동은 무엇인가?

15) 전문적 접촉 네트워크를 확장하기 위하여 당신이 할 수 있는 일은 무엇인가?

"Grant that we may not so much seek to be understood as to understand."

St. Francis of Assisi

"우리는 이해하는 것만큼 이해 받기를 추구하고 있지 않음을 인정 하라."

전문적 관계

16) 당신의 동료와 훌륭한 업무 관계를 가지기 위하여 프로젝트를 함께 도와 주는 등 당신이 할 수 있는 일은 무엇인가?

17) 당신의 사장 및 상사들과 좋은 업무 관계를 가지기 위하여 개인적으로는 동의하지 않지만, 공적으로는 긍정적인 반응을 보이는 등 당신이 할 수 있는 일은 무엇인가?

18) 당신의 회사의 대표 이사나 당신 직속 상관의 상관과의 좋은 업무 관계로의 발전을 위하여 당신이 할 수 있는 일은 무엇인가? 언제 이를 시작할 것인가?

19) 당신의 사장과 매니저, 팀 구성원들을 그들의 관리자의 눈에 더 좋은 모습으로 비춰지도록 하기 위하여 당신이 할 수 있는 일은 무엇인가?

20) 당신의 부서 혹은 기관 내에서 팀워크를 구성하는데 도움이 되는 역할을 수행하기 위하여 지양해야 하거나, 변화를 주어야 하거나 할 수 있는 일은 무엇인가?

21) 당신의 아이디어를 더욱 효과적으로 제시하거나 다른 사람들의 흥미를 유발하도록 할 수 있는 방법은 무엇인가? 이를 언제쯤 성취할 수 있겠는가?

22) 소프트볼 경기와 같이 회사 동료들과 함께 할 수 있는 공통의 관심사나 스포츠 활동은 무엇인가?

23) 업무에서 특별히 어렵거나 기능장애가 있는 전문적 관계를 풀어나가기 위하여 당신이 할 수 있는 일은 무엇인가?

> "When one door of opportunity closes, another opens; but often we look so long at the closed door that we do not see the one which has been opened for us."
>
> *Helen Keller*
>
> "하나의 기회의 문이 닫히면 또 다른 문이 열리게 마련이다. 그러나 우리는 닫힌 문을 너무나 오래 동안 돌아보기에 우리 앞에 열려진 그 문을 보지 못하게 된다."

기회

24) 업무에 있어 당신이 달성하고 싶은 새로운 직위, 영예, 혹은 다음 도전 과제는 무엇인가? 이를 위한 자격을 얻기 위하여 당신이 해야 할 일은 무엇인가?

25) 당신이 근무하고 있는 장소에서 달성하고 싶은 일련의 직업, 수준, 직위는 무엇인가?

26) 회사 혹은 부서 뉴스레터를 시작하는 것과 같이 당신의 커리어를 진일보 시키기 위하여 당신 스스로가 창출할 수 있는 기회는 무엇인가? 언제 이를 시작할 것인가?

27) 더욱 높은 업적 평가와 급여 인상을 가져오도록 도움을 줄 수 있는 자신의 업무 가치를 증가시킬 수 있는 일은 무엇인가?

28) 회사의 질을 높이고 자금을 절약하거나 품질과 영업력을 높일 수 있도록 하는 당신의 아이디어 중 업무팀이나 매니저와 함께 나누고 싶은 것은 무엇인가?

29) 당신의 커리어를 진보 시키고 당신의 회사에 대한 기여를 더욱 가시적으로 보이도록 하는 회사의 운영 기구를 당신이 활용할 수 있도록 하기 위하여 당신이 할 수 있는 일은 무엇인가? 이를 성취하기 위하여 당신이 할 수 있는 일은 무엇인가?

30) 더 나은 상품을 생산하기 위하여 다른 사람에게 위임하거나 지양할 수 있는 사소한 문제나 불필요한 방해물들은 무엇이 있는가?

31) 지금으로부터 5년 후 어떤 종류의 일에 종사하고 싶은가? 이를 위하여 지금 당신이 해야 할 일은 무엇인가?

32) 직업으로 당신이 진정으로 원하는 것은 무엇인가? 어떻게 이를 추구하겠는가?

33) 복권에 10억원이 당첨되었다면 생계를 위하여 당신이 하고 싶은 일은 무엇인가? 이를 추구하기 위하여 당신이 지금 할 수 있는 일은 무엇인가?

34) 당신의 능력이나 일하는 스타일에 비추어볼 때 당신에게 더 적합할 것 같은 회사는 어떤 회사인가? 어떤 문화나 환경이 이상적인가? 언제 이 회사와 접촉할 것인가?

35) 당신과 배우자 모두의 행복을 위하여 당신의 커리어 계획과 배우자의 계획을 더욱 잘 조정할 수 있는 방법은 무엇인가?

36) 당신의 커리어에서 비약적인 발전을 하기 위하여 당신이 할 수 있는 일은 무엇인가?

37) 당신의 커리어나 사업에 있어 오늘 할 수는 없지만 한다면 근본적으로 변화를 가져올 수 있는 일은 무엇인가?

38) 당신이 추가적으로 성취하고 싶은 커리어 목표는 무엇인가?

> 내 인생에서 모든 성공은, 언제나 일을
> 예정보다 15분 빨리 했기 때문이다.
>
> | 넬슨 제독

    넬슨 제독을 비롯해 시간의 중요성을 말한 이는 많다. 넬슨은 군인이었으므로, 일을 15분 빨리 했다는 것은 적보다 빨리 공격하도록 마음썼다는 것이리라. 즉, 뒤지지 않게 선수를 치는 것이 필승의 길이라는 말이다.
    이 말은 일상 생활에도 적용되어 몇 분씩 늦다가 몇 시간씩 늦고, 나아가서는 납기가 늦어져서 신용을 잃게 되기도 한다. 언제나 빠르게 앞서 하겠다는 마음가짐은 결코 마이너스 요인이 아니다. 늦어지는 일 없이, 여유있게 일을 한다는 것은 일이 잘못되는 것을 예방하는 데에도 크게 도움이 된다는 것은 말할 나위도 없는 일이다. 시간이 걸리는 일일지라도, 될 수 있는대로 빨리 끝내려고 노력하면 큰 실패는 일어나지 않는다. 넬슨의 이 말은 모든 일이 빠르게 돌아가는 오늘날에도 역시 명언임에 틀림없다.

■ **영국의 제독 넬슨 제독(1758~1805)**
    1798년 나폴레옹의 이집트 원정 함대를 전멸시켰고, 1805년에는 프랑스·에스파냐 연합 함대를 트라팔가르 앞바다에서 격파시키고 전사하였다. 넬슨은 전사하였지만, 이 해전의 승리로 나폴레옹의 영국 본토 상륙의 야망을 좌절시켰다.

8
Financial Goals
재정 목표

WHAT ARE YOUR GOALS?
Powerful Questions to Discover What You Want Out of Life

> "Making money is the by-product, it should not become the sole objective. The objective should be to provide a valuable service, to produce a quality product that will be benefitted by others."
>
> *Gary Ryan Blair*
>
> 돈을 버는 것은 부산물일 뿐 그것이 유일한 목적이 되어서는 안된다. 목적이라 함은 가치 있는 서비스를 제공해야 하며, 다른 사람들에게 이로운 질 좋은 상품을 생산해내야 한다.

본 장에서는 당신이 다음 질문에 답할 수 있도록 도울 것이다.

내가 은퇴했을 때 나의 물질적 삶이 어떻게 보이고 느껴지길 바라는가?

자녀들의 더 높은 교육을 위하여 필요한 기금을 제공할 수 있는 방법은 무엇인가?

가장 가치 있는 투자는 무엇인가?

본 장에서는 특정 나이에 주어지는 순수 가치를 확립하거나 가계 비용의 예산 책정, 여행 경비 저축, 신용 대출 사용 조정 등에 관련된 목표를 정의하도록 돕는 질문들에 답하게 될 것이다.

예를 들면, 여러분은 아래와 유사한 목표를 써넣고 있는 자신을 발견하게 될 것이다.

- 내년에는 나의 수입의 30%를 증가시킨다.
- 매달 각 자녀 당 10~20만원의 정기적금에 가입한다.
- 건강관련 신체 보험에 가입한다.

여러분의 개인적인 재정 목표에 조금 더 정확히 초점을 맞추도록 돕기 위하여 본 장은 4개의 하위 영역으로 나뉘어져 있다.

❓ 수입
여기서 제시되는 질문들은 당신의 연간 수입, 장기 수입 성장과 부채 감소와 관련된 목표를 수립하도록 도울 것이다.

❓ 저축과 투자
여기서 제시되는 질문들은 장·단기 필요와 계획에 따라 저축을 할 수 있도록 도움을 줄 것이다.

❓ 은퇴
여기서 제시되는 질문들은 당신이 은퇴한 후 재정 상황에 대한 계획을 수립할 수 있도록 도울 것이다.

❓ 자산 계획
여기서 제시되는 질문들은 당신의 물질적 유산과 재정적 자원들, 그리고 물질적 소유물들을 원하는 바에 따라 배치할 수 있도록 도울 것이다.

"Money is an excellent servant, but a terrible master."
P.T. Barnum

"돈은 아주 훌륭한 종복이다. 하지만 가장 끔찍한 주인이기도 하다."

수입

1) 현실적으로 올해 얼마의 돈을 벌고 싶은가? 5년이 지나서, 10년이 지나서는 얼마의 돈을 벌고 싶은가? 이를 실현시키기 위하여 당신이 할 수 있는 일은 무엇인가?

2) 당신의 급여 이외에 추가 수입을 창출하기 위하여 당신이 할 수 있는 일은 무엇인가? 이를 언제 시작하겠는가?

3) 올해 당신의 수입을 배로 만들기 위하여 할 수 있는 일은 무엇인가?

4) 당신의 수입에 있어 비약적 발전을 가져오기 위하여 당신이 할 수 있는 일은 무엇인가?

5) 당신이 성취하고 싶은 추가 수익 목표는 무엇인가?

"Prosperity is the fruit of labor. It begins with saving money."

Abraham Lincoln

"번영은 노동의 열매다. 번영은 돈을 저축하면서 시작된다."

저축과 투자

6) 올해 얼마의 돈을 저축하고 투자하고 싶은가?

7) 매 월급날 얼마의 돈을 저축하고 싶은가?

8) "비상 자금"으로 얼마의 돈을 저축해두고 싶은가? 이를 언제 시작할 것인가?

9) 자녀들의 대학 교육을 위하여 얼마의 돈을 연간 저축하고 싶은가?

10) 얼마의 돈을 올해 휴가나 다른 선물을 위하여 비축해 두고 싶은가? 이를 언제 시작할 것인가?

11) 어떤 회사 혹은 산업체의 주식을 소유하고 싶은가? 적합하다면, 언제 여기에 투자하고 싶은가?

12) 소득은 최대화 시키고 세금을 최소화 시키기 위하여 당신의 재산을 (재)배치할 수 있는 방법은 무엇인가?

13) 당신 자신과 가족 구성원들을 위하여 얼마의 생명보험을 들고 싶은가? 언제 이 투자를 시작할 것인가?

14) 당신이 부상을 입어 다시 생업에 종사하지 못할 경우에 대비하여 월 얼마의 장애 보험을 들고 싶은가? 언제 이 계획을 실행할 것인가?

15) 10년이 지난 후 당신의 순수 가치가 어느 정도이길 바라는가? 이를 위하여 당신이 지금 시작할 수 있는 투자 전략은 무엇인가?

16) 세금 지출을 줄이기 위하여 당신이 할 수 있는 일은 무엇인가? 사업 세미나에 참석하는 등 이를 배울 수 있는 방법은 무엇이며 언제 시작할 것인가?

17) 내년 안에 모두 갚아야 하는 부채는 무엇인가? 어떤 것을 먼저 갚아야 하며 언제 지불을 완료할 수 있겠는가?

18) 부채를 줄이기 위하여 구체적으로 당신이 할 수 있는 일은 무엇인가? 이를 성취하기 위하여 당신이 희생해야 할 것은 무엇인가?

19) 어떤 종류의 재정적인 투자 전략에 대하여 배우고 싶은가? 언제, 어떻게 이를 시작할 것인가?

20) 당신이 성취하고 싶은 추가적인 저축 혹은 투자 목표는 무엇인가?

> "As a white candle in a holy place, so is the beauty of an aged face."
>
> *Joseph Campbell*
>
> "성스러운 곳에 놓여있는 하얀 초와 같이 나이든 얼굴은 아름다워라."

은퇴

21) 은퇴하고 싶은 나이는 언제인가?

22) 은퇴할 즈음 당신의 순수 가치가 어느 정도이길 바라는가? 이를 성취하기 위하여 현재 당신이 해야 하는 일은 무엇인가?

23) 은퇴한 후 매달 어느 정도의 수입을 원하는가? 이를 어떻게 확신할 수 있는가?

24) 은퇴 후 당신의 수입 원천은 무엇이며, 각 원천으로부터 얼마의 소득을 원하는가? 이를 성취하기 위하여 당신이 지금 해야 하는 일은 무엇인가?

25) 은퇴 목표에 도달하기 위하여 매달 얼마를 투자 혹은 저축해야 하는가?

26) 당신의 은퇴 수입을 인플레이션에 보조를 맞추기 위하여 당신의 재정 정비를 할 수 있는 방법은 무엇인가?

27) 당신 사후에 배우자가 지속적으로 은퇴 수입을 받을 수 있도록 하기 위하여 당신이 할 수 있는 일은 무엇인가?

28) 필요하다면, 은퇴 후 추가 수입을 위하여 하고 싶은 일은 무엇인가? 이를 더욱 수월하게 실현시키기 위하여 당신이 배울 수 있는 것은 무엇인가?

29) 은퇴한 후 살고싶은 곳은 어디인가? 이 장소에 대하여 더 알고 싶은 것은 무엇인가?

30) 성취하고 싶은 추가 은퇴 목표는 무엇인가?

> "Long-range planning does not deal with future decisions, but with the future of present decisions."
>
> *Peter Drucker*
>
> "장기 계획은 미래의 결정과 관련이 있는 것이 아니라 현재의 결정과 관계가 있다."

자산 계획

31) 당신의 묘비명으로 새겨두고 싶은 문구를 써보라. 이러한 묘비명에 걸맞도록 당신의 삶에서 현재 지양하거나 변화시키거나 해야 할 일은 구체적으로 무엇인가?

32) 당신이 기억되고 싶은 것은 무엇인가? 당신의 유산으로 무엇을 남기고 싶은가?

33) 언제 당신의 의지를 새롭게 할 것인가?

34) 당신 자산의 관리자로 두고 싶은 사람은 누구인가?

35) 당신의 자산으로 어떠한 기여를 하고 싶은가?

36) 만일 당신이 정신적으로 혹은 육체적으로 불구가 되었다면, 당신의 가족이 당신을 위하여 어떤 결정을 내려주었으면 좋겠는가? 이를 위하여 어떠한 계획을 세울 수 있는가?

37) 사망시 화장과 같이 당신의 시신의 잔해 남기를 바라는가 혹은 매장되기를 바라는가? 이를 위하여 당신은 어떤 계획을 세울 수 있는가?

```
┌─────────────────────────────────────┐
│                                     │
│                                     │
│                                     │
└─────────────────────────────────────┘
```

38) 당신의 장례식이 어떻기를 바라는가? 당신의 가족이 어떤 계획을 세웠으면 좋겠는가?

```
┌─────────────────────────────────────┐
│                                     │
│                                     │
│                                     │
└─────────────────────────────────────┘
```

39) 당신이 예상치 않게 일찍 임종을 맞이한다면, 자녀의 법적 보호자가 되었으면 싶은 사람은 누구인가? 이를 위하여 당신은 어떤 계획을 세울 수 있는가?

```
┌─────────────────────────────────────┐
│                                     │
│                                     │
│                                     │
└─────────────────────────────────────┘
```

40) 당신이나 배우자의 죽음 이후 당신의 대출금을 해결하기 위하여 어떠한 재정 계획을 세울 수 있는가? 이를 언제 할 것인가?

```
┌─────────────────────────────────────┐
│                                     │
│                                     │
│                                     │
└─────────────────────────────────────┘
```

41) 남아있는 가족이 현재의 생활을 그대로 영위하기 위하여 필요한 수입은 얼마이며, 이를 위하여 당신이 할 수 있는 일은 무엇인가?

```
┌─────────────────────────────────────┐
│                                     │
│                                     │
│                                     │
└─────────────────────────────────────┘
```

42) 당신의 가족에게 책임이 넘어가는 재산세를 최소화하기 위하여 당신이 지금 할 수 있는 일은 무엇인가?

```
┌─────────────────────────────────────┐
│                                     │
│                                     │
│                                     │
└─────────────────────────────────────┘
```

43) 당신이 세우고 있는 추가적인 자산 계획은 무엇인가?

9
Household Goals
가정 목표

WHAT ARE YOUR GOALS?
Powerful Questions to Discover What You Want Out of Life

> "Mid pleasures and palaces though we roam, be it ever so humble, there´s no place like home."
> *John Howard Payne*
>
> "기쁨으로 충만하여 이곳 저곳을 방랑한다 하여도, 모두 누추할지니, 집만한 곳이 없다."

본 장에서는 당신이 다음 질문에 답하도록 도울 것이다.
당신의 집에 대하여 당신 스스로 표현한다면, 어떻게 표현할 수 있는가?
나의 집을 더욱 기능적이고 안전하며 즐거움이 넘치도록 하기 위하여 내가 할 수 있는 일은 무엇인가?

본 장에서는 당신의 최대 재정적 투자인 당신의 가정에 대한 당신의 욕망을 평가하도록 도울 것이다. 당신은 편안한 가정, 가정의 관리와 안전, 가족의 규모와 구조에 있어서 거주 변화와 관련된 목표를 확인하게 될 것이다.

예를 들면, 여러분은 아래와 유사한 목표를 써넣고 있는 자신을 발견하게 될 것이다.

- 나의 현재 직장과 멀지 않은 거리에서 새로운 가정생활을 위한 건물을 찾아본다.
- 올 여름에 외부 페인트 칠을 한다.
- 창가에 화초를 심는다.

• 부엌 찬장과 벽을 닦는다.

여러분의 개인적인 가정 목표에 조금 더 정확히 초점을 맞추도록 돕기 위하여 본 장은 2개의 하위 영역으로 나뉘어져 있다.

❓ **재산**

여기서 제시되는 질문들은 당신의 자가용과 아파트 주택에 관련된 목표를 세울 수 있도록 도울 것이다.

❓ **가정 관리**

여기서 제시되는 질문들은 당신의 가장 중요한 소유물들의 보호와 관리에 대한 목표를 수립할 수 있도록 도울 것이다. 또한, 가정에서 사용하는 기물들의 효과를 향상시키는 것에 관련된 질문들을 포함할 것이다.

당신이 가정 목표를 적는 일을 마치면, 본 장의 마지막에 있는 작업표를 이용하여 우선 순위를 매긴다. 이 작업표는 당신이 지금 바로 시작해야 하는 목표에 전력을 기울일 수 있도록 도와줄 것이다.

"If I am what I have, and if what I have is lost, who then am I."

Robert Frost

"내가 지닌 것이 나라면, 그리고 내가 지닌 그것을 잃었다면, 그렇다면 나는 누구인가."

1) 어떤 종류의 차를 소유하고 싶은가?

2) 다른 사람에게 의지하지 않도록 당신이 자동차에 대하여 배워야 하는 것은 무엇인가? 누가 언제 이를 가르쳐줄 것인가?

3) 플래쉬나 점퍼 케이블과 같이 자동차를 손수 수리해야 하는 상황에 대비하여 준비해두고 싶은 도구는 무엇인가?

4) 당신이 꿈꾸는 이상적인 가정은 무엇인가? 이를 실현시키기 위하여 어떤 단계를 밟을 수 있는가?

5) 몇 채의 주택을 소유하고 싶은가? 각각은 어떤 역할을 하며 어느 곳에 위치했으면 좋겠는가?

6) 새로 바꾸고 싶은 가정용 가구나 설비는 무엇인가?

7) 어떤 종류의 새로운 도자기, 도기 혹은 은식기류를 가정에 갖추어두고 싶은가?

8) 집에 두고 싶은 예술품이나 장식품에는 어떤 것이 있는가?

9) 당신이 가지고 싶은 새 옷이나 보석류는 무엇인가?

10) 제트 스키나 스노우모빌과 같이 당신이 소유하고 싶거나 이용해보고 싶은 물건들은 무엇인가?

11) 보험 관련 서류, 대출 관련 서류와 출생 증명서와 같이 당신이 방화 상자에 넣어 안전한 장소에 보관하고 싶은 중요 서류는 무엇인가?

12) 당신이 성취하고 싶은 추가적 가정 목표는 무엇인가?

> "Family is the most important organization in society, the most important work we will ever do will be within the walls of our homes."
>
> *Stephen Covey*
>
> "가족은 사회에서 가장 중요한 조직이며, 우리가 해야 할 가장 중요한 일은 우리의 집안에서의 일일 것이다."

가정 관리

13) 당신의 가정을 더욱 안전하게 지키기 위하여 무거운 자물쇠나 경보 장치를 설치하는 등 당신이 할 수 있는 일은 무엇인가?

14) 일련 번호를 적어놓는 등 당신의 소중한 물건들을 도둑맞을 것에 대비하여 당신이 할 수 있는 일은 무엇인가? 이를 언제 실행할 것인가?

15) 도둑으로부터 자신, 자신의 집, 지갑, 혹은 수첩을 보호하기 위하여, 모든 신용카드 번호를 적어두는 등 당신이 할 수 있는 일은 무엇인가?

16) 화재가 발생할 경우를 대비하여 당신의 가족과 자신을 보호하기 위한 가족 소방 훈련을 하거나 자녀들의 방마다 탈출 사다리를 설치하는 등 취할 수 있는 예방책들은 무엇인가? 언제 이를 실행할 것인가?

17) 연기 탐지기와 같이 정상적으로 작동하는지를 정기적으로 확인해야 하는 가정용 기구들은 무엇인가?

18) 베터리를 이용한 라디오와 같이 가정에서 정전이 되었을 때 쉽게 사용할 수 있는 당신이 준비해두어야 할 물건은 무엇인가?

19) 가정에서 절전 효과를 높이기 위하여 당신이 할 수 있는 일은 무엇인가? 언제 이를 수행할 것인가?

20) 카펫을 새로 까는 등 현재 집의 외관을 향상시키기 위하여 하고 싶은 일은 무엇인가? 이를 언제 실행할 것인가?

21) 창고 청소와 같이 당신이 하고 싶은 지금까지 미뤄두었던 집안 일은 무엇인가?

22) 가정부를 들이는 등 가정 관리를 간소화할 수 있는 방법은 무엇인가? 이를 언제 시작할 것인가?

23) 집안 일을 더욱 쉽고, 빠르고 재미있게 하기 위하여 당신이 할 수 있는 창조적 일들은 무엇인가?

24) 식료품 쇼핑을 비싸지 않게 그리고 자주 가지 않기 위해서 당신이 할 수 있는 일은 무엇인가?

25) 신문 배달부에게 영화 표를 주는 일과 같이 당신의 삶을 간소화 하도록 돕는 누군가를 위하여 당신이 할 수 있는 일은 무엇인가?

26) 당신의 집에 들어서는 방문객이나 식구들이 어떤 기분을 느꼈으면 좋겠는가? 그런 환경을 만들고 유지하기 위하여 당신이 할 수 있는 일은 무엇인가?

27) 집의 문이 잠긴 채 열쇠를 잃어버리고 밖에 서 있게 될 경우를 대비하여, 여벌 열쇠 한 벌을 누구에게 맡겨둘 것인가? 혹은 어디에 숨겨둘 것인가?

28) 응급 상황 발생시를 대비하여, 당신의 전화기 근처에 어떤 전화 번호를 놓아두고 싶은가? 이를 언제 실행할 것인가?

29) 집을 아름답게 꾸미기 위하여 어떤 종류의 조경술이나 식물들을 원하는가? 이를 언제 성취할 수 있는가?

30) 손수 집안 보수를 하기 위하여 갖추어두고 싶은 도구는 무엇인가? 이를 언제 구매할 것인가?

31) 당신의 삶의 질에 있어 비약적인 발전을 이루기 위하여 할 수 있는 일은 무엇인가?

32) 당신의 가정을 위하여 오늘 할 수는 없지만 한다면 근본적으로 가정생활에 변화를 가져올 수 있는 일은 무엇인가?

10
Spiritual Goals
영적 목표

WHAT ARE YOUR GOALS?
Powerful Questions to Discover What You Want Out of Life

> "The spirit within nourishes, and mind instilled throughout the living parts activates the whole mass and mingles with the vast frame."
>
> *Virgil*
>
> "영혼은 내부에 품고 있으며, 삶을 통하여 주입된 정신은 삶 전체를 활성화시키며, 광대한 틀과 섞인다."

본 장에서는 다음 질문에 대한 대답을 할 수 있도록 도울 것이다.

인생에서 나의 진정한 목표는 무엇인가?
마음의 평정은 어떻게 얻을 수 있는가?
신적인 힘과 존재에 관하여 어떠한 믿음을 가지고 있으며, 이러한 믿음들이 나의 삶에 어떠한 영향을 미치는가?

본 장에서는 당신이 거의 매일 내리는 결정과 행동에 영향을 주는 기본적인 문제를 자세하게 들여다볼 수 있도록 도울 것이다. 이 질문들은 또한 기도 습관이나 영적 텍스트의 연구, 매일의 삶에 적용되는 영적 믿음의 적용과 공식적인 종교적 행위에의 참여 등에 관련된 목표를 정의하도록 도울 것이다.

예를 들면, 여러분은 아래와 유사한 목표를 써넣고 있는 자신을 발견하게 될 것이다.

- 적어도 매일 10분씩 성경을 읽는다.

- 어린이를 위한 종교 교육 수업 지도에 자원한다.
- 성당에 나간다.
- 매주 한 번의 종교 예배에 참석한다.

여러분의 개인적인 영적 목표에 조금 더 정확히 초점을 맞추도록 돕기 위하여 본 장은 2개의 하위 영역으로 나뉘어져 있다.

❓ 내면의 영적 성장

여기서 제시되는 질문들은 당신 영혼을 개발하기 위한 목표를 확인하도록 도울 것이다.

❓ 외면의 영적 성장

여기서 제시되는 질문들은 당신이 지닌 영적 믿음과 가치를 사회로 환원하는 방법을 확인하도록 도울 것이다.

당신이 영적 목표를 적는 일을 마치면, 본 장의 마지막에 있는 작업표를 이용하여 우선 순위를 매긴다. 이 작업표는 당신이 지금 바로 시작해야 하는 목표에 전력을 기울일 수 있도록 도와줄 것이다.

> "I am full-fed and yet I hunger. What means this deep hunger in my heart?"
>
> *Alfred Noyes*
>
> "나는 배부르도록 먹었지만 여전히 굶주림에 시달리고 있다. 나의 마음 속에 깊이 뿌리내리고 있는 이 굶주림의 의미는 무엇인가?"

내면의 영적 성장

1) 당신의 가장 중요한 정신적 목표는 무엇인가? 이를 분명히 하기 위하여 당신이 할 수 있는 것은 무엇인가?

2) 매일 당신의 정신적 성장을 확인하고 믿음을 깊게 하기 위하여 할 수 있는 일은 무엇인가?

3) 마음 속으로 선함과 평화로움을 느끼기 위하여 매일 스스로 행해야 하는 일은 무엇인가?

4) 당신에게 가장 깊게 자리 잡고 있는 소중한 가치와 믿음을 분명하게 할 수 있는 방법은 무엇인가? 이를 언제 시작할 것인가?

5) 당신 삶에서 어떤 것들이 당신이 더욱 자주 경험하고 싶은 평화로움으로 당신을 채우는가? 더욱 자주 이를 경험하기 위하여 당신이 할 수 있는 일은 무엇인가?

6) 당신의 창조주와 함께 보내는 조용한 시간을 가지기 위하여 어떻게 할 수 있는가? 이를 언제 시작할 것인가?

7) 어떠한 영적 자질을 키우고 싶은가? 이를 위하여 어떻게 해야 하는가?

8) 종교적 혹은 영적 발달에 대하여 당신이 배우고 싶은 것은 무엇인가? 이에 대한 대답을 언제, 어떻게 추구할 것인가?

9) 어떤 영적 지도자에 대하여 더 많이 배우고 싶은가? 이에 대한 대답을 언제, 어떻게 추구할 것인가?

10) 당신이 성취하고 싶은 추가적인 내면의 영적 목표는 무엇인가?

11) 당신의 영적인 삶에 있어 비약적인 발전을 이루기 위하여 할 수 있는 일은 무엇인가?

12) 오늘 영적으로 성취하거나 해낼 수는 없지만 한다면 근본적으로 당신의 삶에 변화를 가져올 수 있는 일은 무엇인가?

"We have committed the Golden Rule to memory; let us now commit it to life."

Edwin Markham

"황금률을 기억해냈다면, 이제 실천하자."

외면의 영적 성장

13) 당신이 도움을 줄 수 있는 예배당에서 무시되고 있는 영역들에는 무엇이 있는가? 이에 도움을 주는 일을 언제 어떻게 시작할 것인가?

14) 예배당에서 당신의 가족 참여를 향상시키기 위하여 당신이 할 수 있는 일은 무엇인가?

15) 당신의 수입 중 얼마를 예배당에 기부하고 싶은가? 언제 이를 시작할 것이며, 얼마나 자주 기부할 것인가?

16) 영적인 성장과 당신 개인적인 믿음에 대하여 당신 자녀들에게 어떠한 가르침을 주고 싶은가? 언제, 어떻게 이를 시작할 것인가?

17) 당신의 개인적 믿음이나 신념을 함께 나누고 싶은 사람은 누구인가? 언제 이를 시작할 것인가?

18) 다른 사람들의 영적 믿음을 향상시키기 위하여 당신이 그들을 도울 수 있는 방법은 무엇인가? 이를 언제 시작할 것인가?

19) 누구와 함께 선교활동이나 포교에 참여하거나 이를 시작하고 싶은가? 언제 이를 시작할 것인가?

20) 올해 당신이 참여하고 싶은 종교 행사나 워크샵은 무엇이며, 언제 이를 시작할 것인가?

21) 어떠한 영적 혹은 종교적인 장소를 방문하거나 경험하고 싶은가? 언제 이 계획을 실행할 것인가?

22) 더욱 깊은 이해를 구하기 위하여 당신이 공부하고 싶은 영적 요소들은 무엇인가? 언제 이를 시작할 것인가?

23) 당신이 영적 지도자로 삼고 싶은 사람은 누구인가? 이 사람과 언제 연락을 할 것인가?

24) 당신이 성취하고 싶은 추가적인 영적 목표는 무엇인가?

본 장은 10개의 비판적 삶의 영역에서 당신의 목표를 종합하고 분석할 수 있는 2가지 전략적인 도구를 제공할 것이다. 그 두 가지 도구란 다음과 같다.

> 10가지의 상위 목표(Top Ten Goals)
> 목표 계획 작업표(Goal-Planning Worksheet)

각 도구의 효과적인 사용을 위한 설명이 덧붙여질 것이다.

10가지 상위 목표 목록 사용하기

당신은 이미 10가지의 인생 영역에서 자신의 목표에 우선 순위를 메기고 상위 3가지 목표를 선택하였다. 이제 상위 30개의 목표로부터 10개의 목표-각 영역에서 한 개의 목표-를 추려내도록 한다.

필요하다면, "상위 10가지" 목표를 선정하는데 있어 한 가지 혹은 그 이상의 인생 영역을 제외시켜도 좋다. 하지만, 가능한 많은 영역을 포함시키는 것이 유리할 것이다. 당신의 목표가 인생의 많은 영역에 퍼져 있을수록 당신의 삶은 더 나은 균형을 성취할 것이기 때문이다.

WHAT ARE YOUR GOALS?

Powerful Question to Discover What You Want Out of Life

영 역	페이지
개인적 목표 · Personal Goals	23
건강 목표 · Health Goals	47
여가 목표 · Recreation Goals	63
가족 목표 · Family Goals	77
우정 목표 · Friendship Goals	107
공동체 목표 · Community Goals	117
커리어 목표 · Career Goals	127
재정 목표 · Financial Goals	145
가정 목표 · Household Goals	163
영적 목표 · Spiritual Goals	177

목 표

1.

2.

3.

4.

5.

6.

7.

8.

9.

10.

목표계획 작업표 이용하기

 대부분의 목표들이 확인 하기 쉽고 이를 성취하기 위한 많은 계획을 요구하지 않는 반면, 어떤 것들은 많은 생각과 계획을 요구하기도 한다.
 이러한 목표들을 위해서는 주의 깊은 생각과 계획이 필요하며, 이를 위하여 다음에서 설명되고 있는 목표 계획 시스템을 이용하고 싶을 것이다. 이 시스템을 이용함으로써, 당신의 목표 성취를 향한 과정을 그려나가게 될 것이다.
 이 목표 계획 도구로부터 가장 커다란 이점을 얻기 위해서는 설명되어있는 데로 따라야 한다. 과정은 단순하지만, 이를 통해서만, 당신은 당신의 꿈을 이룰 것이다.
 목표 계획 작업표는 이 목표를 성취했기 때문에 당신이 받을 보상을 확인하는 모든 방법과 당신이 성취하게 될 중개자적 활동의 계획과 스케줄을 통하여 단일한 기준 목표의 확인에서부터 단계적인 안내와 함께 제공되도록 제작되었다.

1. 당신의 목표를 문서화 하여 정의하라

아무리 좋은 기억력을 지니고 있다 해도, 모든 일을 기억해내는 데에는 한계가 있다. 문서화된 목표는 명확성을 제공한다. 당신의 목표를 문서화함으로써 이를 성취하는 과정에 대하여 생각해야만 할 것이다. 목표를 문서화하는 것은 실행을 향한 첫 단계일 뿐 아니라, 당신이 이 목표 성취에 대하여 심각하게 여기고 있음을 의미한다. 당신의 목표를 늘 머리 속에서 생각하고 있다는 말은 이를 문서화하지 않는데 대한 변명밖에는 되지 않는다.

가. 당신이 할 수 있는 범위 내에서 범주를 결정한다.
나. 구체적으로 당신의 목표를 적고 측정할 수 있는 기준과 시간적 기간을 설정한다.
다. 당신의 확고한 목표를 진술해둔다.

이 확고한 목표 진술은 일단 당신이 목표를 성취하였을 때 당신 자신에 대하여 말할 수 있는 내용이다. 목표 진술을 쓸 때에는 "나"를 주어로 하여 마치 이 목표를 이미 수행했다는 듯이 현재 시제와 긍정적인 언어를 사용하여 작성한다. (예:"90일 안에 35%까지 매출을 성공적으로 올린다.")

라. 이 진술된 목표를 성취하기 위하여 당신이 계획한 기간을 명시한다.

진술된 목표를 성취하기 위하여 당신이 시도할 기간을 3단계로 생각해 둔다.

```
• 단기 목표      1-90일
• 중기 목표      3-12개월
• 장기 목표      1-5년
```

2. 당신이 누리게 될 이점을 명시하라

"내가 왜 이것을 해야만 하는가?"라는 질문에 답한다. 이 대답은 목표를 향하여 당신이 노력해야 하는 이유를 제공해줄 것이다. 이러한 이점에 분명하게 초점을 맞추도록 돕기 위하여, 각 이점에 대한 숫자나 상징을 부여하여 우선순위를 매긴다. 이러한 이점들은 당신이 목표를 향하여 지속적으로 움직이도록 하는 원동력이 된다. 가장 중요한 이점은 당신이 장애나 유혹 그리고 경쟁적인 위협에 마주쳤을 때 조차도 여전히 추진력을 부여할 수 있어야 한다.

3. 당신이 현재 처해있는 현실을 분석하라

가장 중요한 일은 당신이 진술한 목표를 당장 성취하는데 방해가 되는 약점, 두려움, 한계와 행동 뿐 아니라, 당신이 현재 지니고 있는 강점과 유리한 점들을 정직하게 확인하는 것이다. 예를 들면, 당신의 목표가 70kg 체중 조절을 하는 것이라면, 당신의 현재 상황 설명은 다음 사항을 포함해야 한다.

- 나는 8kg 과체중 상태이다.
- 나는 자기 통제에 약하다. 특히 단 것을 먹는 것에 있어서는 더욱 심하다.
- 나는 현재 하고 있는 운동이 없다.
- 나는 항상 과체중 상태였다.

4. 당신이 지닌 장애와 위험요소를 해결하라

어떤 종류의 변화를 요구하는 목표를 향하여 당신의 현재의 편안한 영역 이상으로 증강하기 시작한다면, 몇 가지 위험요소에 부딪히기 마련이다. 이 위험 요소는 당신의 목표의 성격에 따라 다양하다.

기본적으로 당신은 두 가지 위험요소 즉, 내적 위험요소와 외적 위험 요소와 마주치게 될 것이다. 내적 위험 요소들은 당신 스스로가 부가하는 위험 요소로, 내적 장애의 예로는 '낮은 자기 신뢰'를 들 수 있다.

외부적 위험 요소는 (경제적 상황과 같이) 다른 사람이나 시스템에 의하여 부가되는 요소로, 외적 장애의 예로는 충분하지 못한 재정 수입을 들 수 있다. 이러한 장애를 극복하는 열쇠는 이 장애들이 문제로 가시화 되기 전에 인식을 하는 것이다.

장애가 되는 것들의 우선 순위를 매기기 위하여 스스로 "나의 목표 달성에 방해가 될 수 있는 가장 커다란 장애는 무엇인가?"를 자문해본다. 그리고 커다란 장애를 해결하기 위하여 노력한다. 가장 커다란 장애를 제거함으로써 당신은 동시에 더 작은 장애들을 제거하거나 줄이게 될 것이며, 스스로 커다란 힘과 확신을 가지게 될 것이다.

어떠한 목표를 향하여 노력하기 시작하기 전에 당신이 위험요소에 직면하여 의욕적으로 대처해 나갈 수 있는지를 판단해야 한다. 장애가 없는 듯이 가장하지 말아야 한다. 장애는 항상 존재하기 마련이다.

5. 당신의 투자와 희생을 명시하라

실질적으로, 목표를 향한 모든 여정은 희생을 요구한다. 당신은 어쩌면, 당신의 시간이나 돈, 혹은 헤아릴 수 없이 혹독한 희생을 치뤄야 할지도 모른다. 목표 달성에 수반되는 장애와 위험 요소들을 명시하였듯이, 이 여정이 요구하는 희생 역시 명시해 두어야 한다. 그렇게 함으로써, 당신이 목표를 추구함에 있어 이러한 희생들을 기꺼이 받아들이게 될 것이다. '벤자민 프랭클린'은 이런 말을 남겼다. "돈과 시간을 낭비해서는 안된다. 가장 유용하게 사용해야 할 것이다."

내일의 더욱 중요한 무언가를 누리기 위하여, 오늘 중요한 무언가를 기꺼이 희생해야 할 것이다.

주의해야 할 것은 사람들이 요구되는 희생을 과소평가하는 일이 흔하지 않다는 것이다. 만약 희생에 대한 당신의 평가가 조금이라도 긍정적이라면, 조금 더 희생하라. 다시 말해서, 최악의 사태를 예방하고 최선을 기대하라는 의미이다.

6. 더 많은 지식을 쌓아라 - 과제를 수행하라!

진보를 위하여 당신은 계속해서 지식을 쌓아야 할 것이다. 당신은 2가지 기본적인 방법으로 새로운 지식을 얻을 수 있다. 즉, 학교에서의 수학을 통한 경험적 지식과 다른 사람의 지식을 받아들이는 것을 통해서 자신의 지식을 늘릴 수 있다. 당신이 알아야 하는 지식은 무엇인지 명시하고 필요 우선 순위를 메긴다. '로버트 프로스트'가 말했듯이, "교육이야 말로 평정과 자신감을 잃지 않으면서 거의 모든 것을 들을 수 있는 능력인 것이다."

7. 팀을 구성하라

성공은 협동을 요구한다. 아무도 홀로 성공할 수는 없다. 당신이 도움을 요청할 수 있는 사람, 그룹 혹은 기관을 명시하라. 당신의 목표 성취에 도움이 될 수 있는 이들의 구체적인 역할도 함께 명시해두어야 한다. 이들을 당신의 개인 이사회, 당신이 믿을 수 있는 선발된 지혜와 방향과 책무를 제공해 줄 수 있는 조언자라고 생각하라.

8. 행동 계획을 개발하라

이제 당신은 구체적인 행동 계획을 실행할 위치에 있다. 앞의 7개의 단계에서 모은 모든 정보는 이후 당신의 구체적 계획을 실행에 옮기기 위한 준비 단계이다.

당신의 목표를 성취하기 위하여 실행해야 하는 구체적 행동들에 우선 순위를 매기기 위하여 이를 목록화 한다. 각 행동을 당신을 올바른 방향으로 이끌어주는 작은 목표라고 생각하라. 각 단계는 모두 중요하며, 당신의 목표에 다가갈 수 있느냐 멀어지느냐는 각 단계에 달렸음을 기억하라.

일단 이를 완성하면 각 목록마다 목표 날짜를 적어둔다.

계획을 세우는데 실패한 사람들은 실패할 계획을 세우고 있는 셈이다.

사실상 모든 여행객들이 행운을 잡는가 하면, 우회로를 만나기 마련이다. 어떤 목표는 예상보다 더 일찍 성취하는가 하면, 어떤 것은 더 늦게 이루어질 수 도 있는 것이다. 당신의 계획을 되돌아보도록 하는 "예상치 못한 지연을 예상"하는 법을 배워야 한다. 이렇게 예상치 못한 상황으로 인하여 흔들리지 말아야 겠다. 행동 계획은 자주 검토할 필요가 있다. 필요할 때마다 당신의 스케줄에 적용해보고 다시 우회하라!

9. 최종 기한을 정하라

자, 이제 심각하게 실질적으로 실행할 일만 남았다. 앞의 모든 단계를 마무리 함으로써, 당신은 목표를 언제쯤 실현시킬 수 있을 지에 대한 현실적인 개념을 가지게 될 것이다. 기록되어있는 성취 날짜는 실천하는 사람과 몽상가를 구분 지어 놓게 될 것이다. 실행 일을 표시해놓은 최종 기한을 기억하라. 이를 실행하지 않으면, 실패와 실망만이 남을 것이다.

10. 스스로에게 보상하라

승리 어떠한 목표의 성취도 인정을 받을 가치가 있다. 당신의 행동 계획에서 중요한 단계를 따라 성취할 때마다 보상을 하는 계획을 세움으로써, 당신의 욕망은 커져 가고 당신의 목표를 향한 길에 놓은 다음 도전을 향하여 앞으로 나아가게 될 것이다.

 개인적이고 감성적인 보상이 종종 최고의 효과를 가져온다. 당신의 성공과 성취에 대한 특별한 자극제로써 좋은 느낌과 행동을 유발하게 될 것이다.

The GoalsGuy Planning System

골가이 계획 시스템

1단계 목표 진술

- 단기(1-90일)
- 중기(3-12월)
- 장기(1-5년)

2단계 개인적인 이익

- 왜 이 목표를 성취하고 싶은가? 중요도의 우선순위

3단계 — 현재 위치

- 자신의 특별한 강점, 약점, 기회와 위협이 되는 것들의 목록화와 분석

4단계 — 장애와 위험요소

- 마주칠 수 있는 실질적 혹은 가상적인 장애와 위험 요소 목록화. 우선순위에 따른 위험요소

5단계 — 투자와 희생

- 시간, 돈을 비롯한 당신이 생각해낼 수 있는 모든 것을 목록화

6단계 — 요구되는 지식

- 무엇을 배워야 하는가? 학습 활동 우선순위

7단계　지원 팀

- 도움이 필요한 사람, 그룹, 기관의 목록화. 각각의 역할은?

8단계　계획 개발

- 활동, 목적, 목표달성 예상일의 목록화. 계획의 우선순위

활　동	예상일	실제성취일

9단계 　　최종 기한

- 자신의 목표를 확실하게 달성할 날짜

10단계 　　보상과 자축

- 개인적인 보상을 명시

"승리 목록"은 구체적인 목표에 대한 당신의 성공을 기록하는 동기 유발 도구로 작용할 것이다. 또한 당신의 목표 성취를 위하여 당신이 한 일을 돌아보고 당신의 성취 물에 대한 더욱 광대한 전망을 얻을 수 있도록 도울 것이다.

어쩌면, 당신이 곤란한 지경에 놓이거나 목표 성취가 좌절되는 시점에는 당신의 승리 목록을 훑어보고 싶을지도 모른다. 이런 시기에 당신의 승리 목록은 당신의 자신감에 다시 힘을 실어 줄 수 있을 것이며, 당신의 목표를 향하여 앞으로 나아갈 수 있는 용기를 줄 것이다.

나의 목표 성취 승리 목표

목 표	성취일

Gary Ryan Blair(게리 리안 블레어)

　게리 리안 블레어는 성취 향상, 목표 설정과 전략적 계획 초기화에 대한 국제적으로 인정 받는 권위자인 골가이(Goal guy)이다. 그의 연설, 책이나 세미나를 통하여 그는 의미 있는 삶을 영위하기 위한 전략을 기획하고 목표를 설정하는 방법을 개인과 기관을 대상으로 지도하고 있다.

　게리 리안 블레어는 골가이 학습 체계의 대표자로써 개인적이고 전문적인 삶의 모든 영역에 있어 더 나은 성취감을 획득하고 수립하도록 개인 고객들에게 도움을 주는 업무를 수행하는 기관의 훈련에 초점을 맞추고 있다.

　게리는 각 개인에게 내제 되어있는 방대한 미지의 잠재력을 믿으며, 이 잠재력을 일깨울 수 있는 능력과 지식의 도구를 개인과 회사에 제공해야 한다고 강력하게 믿는다. 그는 또한 세계 수준의 상품과 서비스를 개발하여 골가이 도서관을 이루어냈다.

　게리의 개인적인 철학은 "모든 것이 가치 있다!"는 한마디로 요약될 수 있다. 그는 당신이 목표로부터 멀어지거나 혹은 이에 가까이 다가갈 수 있는 모든 요소들에 대한 생각과 말, 행동을 가르치며, 믿는다. 즉, 진보와 퇴보에 대한 모든 가능성을 매순간 제공하는 셈이다.

　게리, 그의 아내 에리카, 그리고 아들 리안은 비프케익과 폭찹이라 불리는 영리한 두 마리의 개와 함께 플로리다의 템파 지역에 살고 있다.

당신의 목표는 무엇입니까?

초판발행	2002년 4월 14일
초판인쇄	2002년 4월 7일
지은이	게리 리언 블레어(Gary Ryan Blair)
옮긴이	최 현 정
펴낸이	유 복 열
편 집	신 혜 정
펴낸곳	도서출판 아이프렌드
출판등록	제 02-08-94호
주소	부산광역시 북구 구포3동 1232-16
전화	051-338-8915
팩스	051-341-8751
홈페이지	www.ifriendbook.com
E-mail	ifriend@ifriendbook.com

ISBN 89-89747-07-4(13300)

* 잘못 만들어진 책은 구입하신 서점이나 본사로 연락하시면 바꿔드리겠습니다.
* 값은 뒤표지에 있습니다.